W0061400

Jules Bulliard

Geleite mich zum anderen Ufer

Zum Gedenken an all die, die ich während ihres letzten Lebensabschnitts begleitet habe und die ihren Tod zu einem Akt des Lebens gemacht haben.

Jules Bulliard

Geleite mich
zum anderen Ufer

Texte und Gebete für die Begleitung
von Sterbenden

BONIFATIUS
Druck · Buch · Verlag
PADERBORN

Imprimatur. Paderbornae, d. 19. m. Januaris 1999
Nr. A 58-21.00.2/519. Vicarius Generalis i. V. Dr. Schmitz

Die Deutsche Bibliothek – CIP-Einheitsaufnahme

Bulliard, Jules:
Geleite mich zum anderen Ufer : Texte und Gebete für die
Begleitung von Sterbenden / Jules Bulliard. [Aus dem
Franz. übers. von Ursula Klein]. – Bonifatius, 1999
    ISBN 3-89710-072-X

Einheitsübersetzung der Heiligen Schrift
© 1980 Katholische Bibelanstalt, Stuttgart

Die Ständige Kommission für die Herausgabe der gemein-
samen liturgischen Bücher im deutschen Sprachgebiet er-
teilte für die aus „Meßbuch für die Bistümer des deutschen
Sprachgebietes", „Die Feier der Krankensakramente" und
„Stundenbuch, 1. Band" entnommenen Texte die Abdruck-
erlaubnis.

Originalausgabe: Conduis-moi sur l'autre rive. Lectures et
prières pour accompagner les malades dans leur dernière
étape; Médiaspaul & Editions Paulines, Paris

Aus dem Französischen übersetzt von Ursula Klein, Über-
herrn.

Umschlaggraphik: Claudia Goldstein, Dortmund

ISBN 3-89710-072-X

© für die deutschsprachige Ausgabe by Bonifatius GmbH
    Druck · Buch · Verlag Paderborn 1999
Alle Rechte vorbehalten. Das Werk einschließlich seiner Teile ist urheber-
rechtlich geschützt. Jede Verwertung außerhalb der engen Grenzen des Ur-
heberrechtsgesetzes ist ohne Zustimmung des Verlages unzulässig und straf-
bar. Das gilt insbesondere für Vervielfältigungen, Übersetzungen, Mikrover-
filmungen und die Einspeicherung in elektronische Systeme.

Gesamtherstellung:
Bonifatius GmbH Druck · Buch · Verlag Paderborn

Meine Einsamkeit beginnt zwei Schritte vor dir.
Undine, Jean Giraudoux

Die Leute?
Sie wissen nicht, wie weit weg sie sind!
Wie wenig sie existieren, wenn dieser
Schmerz Sie quält, der Sie auf der
Welt ganz einsam macht.
Sabine Sicand, mit 15 Jahren gestorben

Liebe denjenigen, der in die Nacht hineinfällt.
François Mauriac auf seinem Totenbett

In der Dunkelheit die Hand dessen halten, der stirbt,
bis er davongeht.
Bernard Feillet

Niemand entreißt mir mein Leben,
sondern ich gebe es aus freiem Willen hin.
Ich habe Macht, es hinzugeben,
und ich habe Macht, es wieder zu nehmen.
Joh 10,18

Es gibt keine größere Liebe,
als wenn einer sein Leben für seine Freunde hingibt.
Joh 15,13

Inhalt

Vorwort

1. Ein umsorgter Tod

Die Begleitung von Kranken am Ende des Lebens beschränkt sich nicht nur auf den geistlichen Beistand, wenn dieser auch einen unerläßlichen und wesentlichen Bestandteil darstellt.

Ein „umsorgter Tod", der eines Menschen und eines Christen würdig ist, erfordert – über die angemessene medizinische Versorgung hinaus – die herzliche und geschwisterliche Anwesenheit eines Menschen, die ein wirksames Mittel gegen die Einsamkeit und die Angst darstellt, die fast alle Schwerkranken empfinden. Die Tatsache, daß jemand präsent und greifbar ist, gibt ihnen die Sicherheit, daß sie nicht verlassen, allein ihrem Schicksal ausgeliefert sind; sie unterstützt sie in ihrem Kampf und gibt ihnen Vertrauen.

Ein umsorgter Tod erfordert darüber hinaus eine ruhige und ausgeglichene Umgebung, die den Sterbenden beruhigt und die dem Ereignis seines Übergangs in die Ewigkeit etwas von seiner Dramatik nimmt.

Er setzt vor allem voraus, daß man dem betreffenden Menschen aufmerksam zuhört und ihm so die Möglichkeit gibt, sich auszudrücken, seinen Schmerz und seine Trennungsangst auszusprechen, die er mit einem mitfühlenden Herzen teilen will.

Schließlich sind auch die Zeichen der Zärtlichkeit und der Freundschaft nicht zu vernachlässigen, um so mehr, als „die letzte Medikation in der Stunde des Todes weder die perfekte Infusion noch das Einschlafen ohne Schmerzen ist, sondern die Hand, das Herz, der Blick, die Tränen, die Wahrnehmung von Liebe".[1] Die liebevolle Zärtlichkeit und die Hand, die die Hand dessen hält, der dahingehen wird, werden

---

[1] Bruno Lagrange und Marc Oraison: Le mystère humain de la mort. Verlag Editions Tschou, S. 28.

höchst wirksam als intensive Gemeinschaft und beruhigende Gegenwart empfunden.

Nach und nach erscheinen nun Werke zur Beratung der Personen und besonderen Gruppen, die den brüderlichen Dienst der Begleitung von Sterbenden übernehmen, auf die man zurückgreifen kann; eine entsprechende Bibliographie finden Sie am Ende dieses Buches.

Das Buch, das ich hier vorlege, betrifft besonders die geistliche Begleitung von Kranken, deren Sterbeprozeß sich über einen mehr oder weniger langen Zeitraum hinzieht.

Tatsächlich kann – abgesehen von einem plötzlichen Ableben – der Weg der meisten Menschen auf ihren Tod hin Wochen oder Monate, ja sogar Jahre dauern, wie bei bestimmten Formen von Krebs oder Sklerose. Die letzte Phase, das heißt der eigentliche Vorgang des Sterbens, beginnt im allgemeinen erst einige Stunden oder Tage vor dem eigentlichen Hinscheiden.

Wenn der Tod eines Menschen schnell eintritt, ist seine geistliche Begleitung sehr begrenzt, besonders wenn der Sterbende schnell in die Bewußtlosigkeit sinkt.

Völlig anders ist die Sachlage bei einer langwierigen, aber unheilbaren Krankheit. In einer solchen Situation, die sich über einen längeren Zeitraum hinzieht, ist die Zeit gegeben, den Kranken Schritt für Schritt zu begleiten, sich der Entwicklung seiner Krankheit anzupassen, die psychologischen und moralischen Veränderungen des Patienten zu berücksichtigen und ihm vor allem eine angemessene, konstante und gute geistliche Unterstützung zukommen zu lassen. Jeder Besuch, jedes Zuhören, jeder Gedankenaustausch sowie jede vorgeschlagene Lesung und jedes in Frage kommende Gebet bieten die Möglichkeit, ihn wirklich zu unterstützen und in seinem Inneren die Einstellungen und Gefühle reifen zu lassen, die ihn am besten auf die unaussprechliche Begegnung mit seinem Gott vorbereiten.

2. Die Konzeption des Werkes

Das vorliegende Buch ist – wie die Gliederung zeigt – als Wegstrecke gedacht: als Wegstrecke eines Menschen, den eine schwere Krankheit auf den Tod zuführt, vor allem aber als zurückzulegender Weg einer inneren, oft mühsamen Wanderung, die ihn hinüberführt

– vom anfänglichen Aufbegehren zum Zustimmen,
– von der Angst zur Beruhigung,
– von der Weigerung zur bewußten Wahrnehmung der Situation,
– von der Versuchung, das Ereignis einfach hinzunehmen,
– zum freiwilligen Schritt, daraus einen Akt des Lebens, d. h. einen Akt der Freiheit, des Opfers und der Liebe, zu machen.

Auf diesem Weg ist der leidende Mensch, der auf sein Ziel zugeht, nicht allein, da es – an erster Stelle – Gott gibt, der immer da ist, der ihn als einzigartiges und unersetzliches Wesen kennt, der ihn mit seiner ewigen Liebe liebt, der sich seinen Protest zu eigen macht, der seine Verwirrung teilt, der seine Last mitträgt und der ihn bei seinem Aufstieg zum Kalvarienberg unterstützt. Gott ist da, der gesprochen hat und jetzt spricht und der – heute – auf seine grundlegenden Fragen antwortet.

An seiner Seite sind auch die engsten Jünger Jesu, die Heiligen aller Zeiten, die Mystiker, die geistlichen Menschen und selbst manche Dichter, die ihm alle, jeder auf seine Art, ihre persönliche Erfahrung mit Gott und ihren Teil des Lichtes bringen.

All die Texte und Zeugnisse, die den zweiten Teil dieses Buches darstellen, können – im Lauf der Zeit – bei dem Kranken, der begleitet wird, zu einer neuen Sicht des bevorstehenden Ereignisses des eigenen Sterbens führen, zu schöpferischem Gebet um christliche Einstellungen und Gefühle angesichts von Leiden und Tod, die die dunklen Stunden, die er erlebt, zu Stunden voll Licht, Ruhe, Vertrauen und Hingabe machen werden.

Da jeder Mensch einzigartig ist, da – nach einem Wort des Dichters Rilke – „jeder seinen eigenen Tod stirbt", wird man jedem Kranken die Texte und Gebete oder Teile von Gebeten vorschlagen, die am besten zu seiner Situation, seiner Persönlichkeit, seiner Bildung, zu seiner psychologischen Situation und persönlichen Seelenlage passen.

3. Die Achtung des Gewissens

Nichts widerspricht dem Geist des Evangeliums mehr als die Nichtachtung des menschlichen Gewissens und das gewaltsame Eindringen in eine Seele. Das Gewissen – dieser innere Bereich, in dem der Mensch täglich seine Entscheidungen trifft und der auf die Gnade, die Annäherungsversuche und die Anrufe Gottes antwortet – ist unantastbar. Demzufolge rechtfertigt auch die beste Absicht niemals das gewaltsame Eindringen in eine Seele. Henri Gougaud sagt dies in unübertrefflicher Weise so:

„Man kann die Seele eines Menschen nicht stehlen; man kann niemanden mit Gewalt bekehren."[2]

Die Unantastbarkeit eines Gewissens zu respektieren macht es notwendig, daß wir uns jedem Menschen, jedem Kranken und jedem Sterbenden, mit außerordentlichem Feingefühl nähern. Derjenige, den wir auf seinem letzten Lebensabschnitt begleiten müssen, ist einzigartig: Er hat eine Vergangenheit, eine Geschichte und Erinnerungen; er hat Tausende von positiven und negativen Erfahrungen, die ihn stark beeinflußt haben, die seine Seele, seinen Geist und seine Lebensauffassung geprägt haben, die zur Bildung seiner Werteskala geführt haben und die das Wesen seiner Beziehungen zu Gott und der Kirche bestimmt haben. Auch das ist mit Verständnis und Nachsicht zu

---

[2] Henri Gougaud in einem Interview beim französischen Fernsehsender Antenne 2.

berücksichtigen, um so mehr, als er wahrscheinlich kaum Gelegenheit hatte, seine Freiheit voll zu entfalten. Wie die meisten Menschen hat er sich im Leben vielleicht mehr treiben lassen, als sein Leben bewußt zu leben und ihm Richtung zu geben.

Wenn man auf Gleichgültigkeit oder Zögern oder vielleicht sogar auf Widerstand oder Feindschaft stößt, darf man den Kranken am Ende seines Lebens auf keinen Fall belagern oder gar bestürmen, um ihn auf einen geistlichen Weg zu bringen, um dadurch das eigene Gewissen zu beruhigen; vielmehr wird man barmherzig und geduldig bleiben und die Stunde des Heiligen Geistes abwarten. Es gibt sogar Fälle, in denen wir uns entschieden gegen die Hartnäckigkeit der Familien wehren müssen, um die Freiheit dessen, der sterben wird, zu schützen und zu verteidigen. Der ständigen Bedrängungen müde, würde er vielleicht – damit man ihn in Ruhe läßt – schließlich dem Empfang der Sakramente zustimmen, deren Inhalt, Bedeutung und Zweckbestimmung er jedoch völlig verkennt.

Die Achtung vor dem Gewissen und der geistlichen Situation des Sterbenden bedeutet für die Begleiter jedoch keinesfalls Passivität, Vernachlässigung oder resigniertes Aufgeben. Im Gegenteil, wir müssen uns seiner annehmen, seinen Platz vor Gott einnehmen und – wenn nicht mit ihm, dann doch wenigstens für ihn und in seinem Namen – beten. Wir müssen versuchen, in ihm Gefühle von Glauben, Vertrauen, Hingabe, Reue, Liebe und Opfer reifen zu lassen. Hierbei spielt die Zeit, die wir zur Verfügung haben, eine entscheidende Rolle. Tatsächlich zeigt die Erfahrung, daß eine respektvolle Haltung und häufige Besuche die Widerstände allmählich schmelzen lassen und zum Reifen tiefer Gefühle führen.

Bei dieser Aufgabe, das muß man betonen, sind wir jedoch nicht allein, weil Gott da ist, der uns in das Herz dessen, den wir begleiten, vorausgeht, „der weiß, welche Zweifel, welche Reifeprozesse, welche ständig wiederkommenden Gedanken aufkommen und sich auswirken können. Das Wesentliche für uns ist jedoch nicht, irgend etwas aufzuzwingen, sondern, wie Jesus es uns vorgelebt hat, vorzuschlagen, einen geistlichen Weg und eine Bewegung aufzunehmen, die aufrichtig sind, das heißt aus wirklich freiem Entschluß kommen. Es ist tausendmal besser, wenn ein zaghafter Wunsch nach dem Empfang der Sakramente aufkommt, auch wenn er nicht mehr Wirklichkeit wird, als wenn der Wunsch von außen kommt und dazu führt, daß jemand auf das Drängen seiner Umgebung hin das sakramentale Zeichen empfängt, egal wie, nur damit das Drängen ein Ende hat."[3]

Jules Bulliard
Krankenhausseelsorger

---

[3] Maurice Zundel, nicht veröffentlicht.

1.

Gebete
aus Auflehnung,
aus Zorn,
aus Fragen

Einführung

„Ich bin ein gebeugter Mensch.
Daher muß ich schreien.
Ich schreie, um etwas auszustoßen,
ich schreie, wie ich ausspucke, um nicht zu ersticken.
Es ist ein Akt der Reinigung.
Der Schrei ist die Explosion von Wut.
Der Schrei ist das Murmeln des Zweifels.
Der Schrei ist das Durcheinander von Worten.
Schreien, um atmen zu können,
wie ein Kind, das zur Welt kommt.
Wenn das Gebet unmöglich wird, bleibt nur noch der
Schrei.
Niemand bleibt kalt bei den Schreien, die aus meinem
Innersten kommen,
Gott noch weniger als alle anderen,
er, der an jenem Tag vor seinen Spöttern seine Klage
in einem langen Todesschrei ausgestoßen hat.
Brüder, ihr müßt schreien,
Gott hört zu.
Kommt, weint vor dem Herrn!
Laßt eure Wut heraus!
Er allein wird euch verstehen.
Wenn ihr im Widerstand eure Hände zur Faust ge-
ballt habt,
ist der Herr bei euch in eurem Widerstand."[4]

Es kommt nicht selten vor, daß manche Menschen,
die an einer schweren Krankheit leiden, die – ganz
plötzlich – alles auf den Kopf stellt und sie dem Tod
zuzuführen droht, zunächst mit Auflehnung, Wut,
Zweifel und Fragen reagieren. Dürfen wir uns ent-
rüsten, wenn sie als erstes Gott mit aller Gewalt zur

---

[4] Charles Singer: Paroles pour la table mise. Paris, Verlag Desclée,
S. 19.

Rechenschaft ziehen und ihn als Ursache der Krankheit ansehen, die sie befällt? Sicherlich nicht.

Bevor man den Kranken Schritt für Schritt und mit tiefem Mitgefühl zu einer christlichen Haltung angesichts von Leiden und baldigem Tod hinführt, bevor man in ihm Gefühle zum Reifen bringt, wie sie Jesus Christus bei seinem Leiden empfand, sollte man zunächst diese anfängliche Reaktion akzeptieren und sich dabei völlig normal verhalten und bedenken, daß sie wie ein Ventil wirkt, das ein Übermaß an Bitterkeit entweichen läßt, um in seinem Herzen Platz für andere Empfindungen zu machen. Dann wird man feststellen, daß die Wut des Kranken in Wirklichkeit nicht zwangsläufig schlecht und erst recht keine Sünde ist, daß sie keine Blasphemie ist und daß sie nicht von Gott trennt, sondern daß sie zum Beginn einer echten Kommunikation mit Ihm werden kann. Wie Jean Montaurier schreibt, „kommt ein Tag, an dem das aus unseren Herzen überströmt. Unser Leiden strömt heraus wie gärender Wein aus vollen Gärbehältern. Es strömt überall heraus! Das ist die Zeit der großen Flut."[5]

Wenn das Gebet die Erhebung des Menschen zu Gott ist, dann ist es keinesfalls ein Davonlaufen oder eine Flucht vor der Wirklichkeit oder ihre Unkenntnis; wenn es aufrichtig ist, ist es angemessen, wenn es das Erlebte des Menschen und alle Gefühle, die ihm innewohnen, mit einbezieht: Freude und Trauer, Schrei und Klage, Angst und Beklemmung, Hoffnung und Mutlosigkeit, Auflehnung und Fragestellungen. Es gibt heftige Gefühlsausbrüche, die eine der Formen von Liebe darstellen. „Die Liebe ist nicht tolerant, sie brüllt manchmal. Beten heißt manchmal auch mit Gott kämpfen; das heißt an der Tür des Herrn anklopfen."[6]

---

5 Jean Montaurier: Tout le reste est silence. Paris, Verlag Plon, S. 17.
6 Kardinal Lustiger: Apostrophes, nach einer Sendung im französischen Sender Antenne 2.

Auf jeden Fall besteht die Würde des Menschen darin, sich gegen Krankheiten aufzulehnen! Jeder Mensch, der diesen Namen verdient, muß den Mut zu diesem Schrei nach Gott, diesem Zetern haben, was übrigens zu einer tausendjährigen Tradition gehört, nämlich derjenigen der Bibel, einer Tradition, die wir in unseren Gebeten ein wenig außer acht gelassen haben. Denken wir nur an Moses, an den Psalmisten und vor allem an Ijob.

Die Bibel, die nicht vergißt, daß „für die meisten Menschen, die leiden, Gott eher eine Frage als eine Antwort darstellt",[7] nimmt alle konkreten Situationen von Menschen an, einen jeden in seinem ihm eigenen Seelenzustand, und bringt sie spontan vor Gott zum Ausdruck. Die Bibel bringt sehr Wahres zum Ausdruck, wenn sie behauptet, daß der Schrei der Auflehnung gegen Gott eine ihm dargebrachte Ehre darstellen kann:

Zu ihm hatte ich mit lauter Stimme gerufen, und schon konnte mein Mund ihn preisen.
(Ps 66,17)

oder

Denn auch der Mensch voll Trotz muß dich preisen.
(Ps 76,11)

Der bekannteste und bewegendste Schrei der Auflehnung ist sicherlich der von Ijob. Erkennt nicht jeder Glaubende in ihm „einen Weggefährten, der laut zu sagen wagt, was jeder in der Zeit der Prüfung undeutlich wahrnimmt? Die Erschütterungen des Leidens stellen alle gängigen Erklärungen, die einfachen Sicherheiten und die guten, beruhigenden Ideen auf den Kopf."[8]

„Der Schrei des Ijob ist mehr eine Frage und ein

---

[7] Maurice Zundel, nicht veröffentlicht.
[8] Heft Evangile n° 53, Philippe Grusson, Paris, Verlag Le Cerf, S. 4.

Anruf an Gott als ein verzweifeltes Klagen. Er sucht eine Erklärung für den Widerspruch zwischen dem Hunger nach Leben und der rauhen Wirklichkeit! Niemand anderes als Claudel ist mehr in Ijob eingedrungen, der für so viele Glaubende steht":[9]

„Welche Stimme! Wer sonst ist je mit einer solchen Unerschrockenheit, mit einer solchen Energie für die Sache des Menschen eingetreten? Wer sonst hat je in den Tiefen seines Glaubens die Offenheit für einen solchen Schrei, für ein solches Zetern gefunden? In den Worten des alten Mannes schwingt schon die Vorwegnahme jenes Ausrufs am Kreuz mit, den die Christen immer schaudernd hören werden, der Ausruf des Sohnes, cum clamore valido, der im Angesicht seines Vaters sagt: Mein Gott, mein Gott, warum hast du mich verlassen?

Das ist nicht nur ein Schrei, das ist ein Vorwurf, ein Akt der Anklage ...

Es handelt sich um einen Menschen, der nicht nur in seinem Herzen und an seinem Körper verletzt ist, sondern um einen Gerechten, der in den Grundfesten seines Glaubens getroffen ist und Anstoß erregt und der im Widerstand seines ganzen Wesens sein Innerstes nach außen kehrt.

Im steten, hartnäckigen Wiederholen dieses furchtbaren Schluchzens ist alles im Durcheinander und voller Widersprüche. Er verzweifelt und hofft, er ist voller leidenschaftlich-verbissener Hoffnung; er lästert Gott und betet ihn an; er ist Sünder und ohne Sünde, er beruft sich auf Gott gegen Gott, auf das Bekannte gegen das Unbekannte, auf die Gerechtigkeit gegen das Gesetz, auf das Gewissen gegen die Beschuldigungen und gegen den Allerheiligsten auf die Heiligkeit seines eigenen Seins selbst, er ruft Ihn an als Zeugen, und er verwirft Ihn.

---

[9] Amédée Brunot: Predigt für den 27. Sonntag im Jahreskreis A. Mulhouse.

Es ist ein prophetischer Geist, der heftig über Ihn her-
fällt, der ihn schüttelt und in ihm rast."[10]

Hinweis zur Benutzung:

Diese Form des Gebetes kann man nicht systematisch
allen Kranken vorschlagen.

[10] Paul Claudel: Das Buch Job. Düsseldorf 1948, 7f. 13.

Gebete

1. Warum?

Herr,
warum gibt es Krankheiten in deiner Schöpfung?
Hast du selbst sie erfunden oder zugelassen?

Herr,
warum treffen uns Krankheiten,
warum dringen sie so heimtückisch
und mit einer solchen zerstörerischen Kraft in uns ein?

Herr,
warum duldest du Krankheiten vor deinen Augen,
du, der Allmächtige?
Sind sie stärker als du?

Gib mir Antwort, Herr, und sag mir, warum!

2. Warum ich?

Herr,
warum trifft mich diese Krankheit,
mich, der nach Leben und Fülle dürstet?

Warum bricht die Krankheit meine Lebenskraft
und macht mich zunichte?

Wolltest du mich treffen
und mich so für meine Fehler bestrafen,
dich wegen meines Widerstandes an mir rächen
und mir zeigen, daß du stärker bist als ich?

Bist du neidisch auf mein kleines Glück,
daß du es mir heute wegnimmst?
Willst du es ertragen, du, die unendliche Seligkeit,
ganz allein ewig glücklich zu sein?

Gib mir Antwort, Herr, und sag mir, warum!

3. Warum gerade jetzt?

Herr,
warum trifft mich diese Krankheit,
die mein Leben so radikal verändert,
gerade jetzt?
Ich habe noch so viele Dinge zu erledigen,
so viele Pläne durchzuführen!

Herr,
warum dringt diese Krankheit jetzt in mich ein,
die die Zukunft der Meinen in Gefahr bringt,
die du mir doch anvertraut hast?

Gelange ich schon ans Ende meines Lebens?

Gib mir Antwort, Herr,
und vertreibe die Angst, die mich bedrückt!

4. Warum bist du so weit?

Ich leide, Herr, und du bist nicht da!
Dich rufe ich an,
zu dir steigt der Schrei meiner verwundeten Seele
empor!

Warum, Herr, bist du so weit?
Warum versteckst du dich in den Tagen der Not?
Warum wendest du dein Gesicht ab
und siehst über mein Unglück hinweg?

Deine Abwesenheit bedrückt mich!
Ich bin müde vom Rufen!
Meine Kehle brennt wie Feuer,
mir versagen die Augen, während ich Ausschau halte
nach dir!
Mein Leben geht in Leid zu Ende
und meine Jahre in Klagen!

In meiner Verwirrung sage ich, Herr, zu dir:
Ich stehe nicht mehr vor deinem Angesicht!
Was ist der Mensch, daß du dich um ihn kümmerst,
des Menschen Kind, daß du es beachtest?

Der Mensch gleicht einem Hauch,
seine Tage sind wie ein flüchtiger Schatten.

Erhebe dich, Herr,
bleib nicht fern von mir,
denn ich habe Angst.
Sei mir nahe,
denn niemand ist da, der mir hilft!
In deiner Huld eile mir zu Hilfe!
Gib mir ein Zeichen!
Sei mir nahe in meiner Not und meiner Verwirrung!
Komm und vertreibe meine Einsamkeit:
dann wird meine Seele Ruhe finden!
(Nach Ps 10, 22, 44, 69, 88, 144)

5. Warum schweigst du?

Herr,
in dem Leiden, das mich bedrückt,
in dem Sturm, der mich mitreißt,
bin ich allein und unglücklich!

Ich rufe den ganzen Tag, und du gibst keine Antwort;
in der Nacht rufe ich nach dir, doch du hörst mich nicht!
Willst du noch lange zu meinen Rufen schweigen
und meinen Tränen gegenüber gleichgültig bleiben?

Hörst du nicht, du, der das Ohr geformt hat?
Siehst du nicht, du, der das Auge geschaffen hat?

Wie hart ist dein Schweigen!
Wohin soll ich gehen, wenn du mich ablehnst?
Was wird aus mir, wenn du schweigst?
(Nach Ps 21, 79 und 142)

Herr, brich dein Schweigen, das mich verzweifeln läßt!
Sprich mit mir, denn ich bin am Ende!
In deiner Fürsorge höre mein Rufen!
In deiner Treue antworte mir!
Ist es vielleicht möglich,
daß auch dein Schweigen deine Anwesenheit zeigt?
Sag es mir!

6. Gebet aus Zweifel

Im Kampf gegen die Krankheit
erkenne ich mich selbst nicht mehr, Herr!
Ich bin in meinem Innersten zerrissen!
Es gibt zwei Menschen in mir:
den, der dir seinen Glauben geschenkt hat,
und den, der heute nichts mehr versteht,
zweifelt und anklagt!

Mein Leiden und meine Angst erschüttern die Sicherheiten von gestern!
Ich bin krank von der Liebe, die ich dir entgegengebracht habe,
und von dem Vertrauen, das ich in dich gesetzt habe!
Hast du mir jetzt deine Liebe entzogen,
mich aus deiner Fürsorge ausgeschlossen?

Du, der du den Arm des Abraham,
der seinen Sohn opfern wollte, zurückgehalten hast,
weigerst du dich, für mich einzutreten?
Bist du ein kaltes Ungeheuer,
ein Gott, der willkürliche Urteile fällt?

Reich mir in deiner Huld die Hand;
hilf mir, die Nacht meines Zweifels zu überwinden!
Gib mir dein Licht, und ich bin gerettet!

7. Gebet aus Auflehnung

Mein Gott, ich kann nicht mehr!
Ich bin einsam und hilflos;
ich leide, und du bist nicht da!
Die Auflehnung ergreift von mir Besitz
und murrt, in mir, gegen dich.

„Gibt es dich nur in Chorälen,
Meßbüchern und frommen Predigten?
Zeigst du dich nur in Glockenklang,
Weihrauchduft und Orgellärm?[11]

---

[11] In Anlehnung an Elie Wiesel: Lettres de Stalingrad, L. 17, S. 67,
Buchet-Chastel, Paris.

Besteht deine Taktik gegenüber uns in Nicht-Ein-
mischung?
Besteht sie darin, kein Risiko einzugehen,
uns uns selbst zu überlassen und ohne uns glücklich
zu sein?

Sprechen deine Abwesenheit und dein Schweigen für
dich?
Aus der Höhe deines Himmels siehst du alles
und bleibst dennoch in der Ferne,
gleichgültig und stumm wie ein Fisch!

Wenn du der Gott der Liebe und des Mitleids bist,
brich dein Schweigen und gib deine Passivität auf!
Bring mich nicht dazu, zu glauben, der Himmel sei
leer
und daß es sinnlos ist, dich anzurufen!
Gefällt es dir, wenn du für meine Verzweiflung ver-
antwortlich bist?

8. Warum hast du mich verlassen?

Mein Gott, mein Gott, warum hast du mich verlassen?
(Mt 27,46 und Ps 22)

Ich kann toben, soviel ich will,
mein Heil bleibt fern von mir!

Ich rufe den ganzen Tag, und du gibst keine Antwort;
selbst in der Nacht finde ich keine Ruhe!

Auf dich haben unsere Väter gehofft:
Sie haben gehofft, und du hast sie befreit.
Wenn sie nach dir riefen, konnten sie entkommen;
auf dich hofften sie und wurden nicht enttäuscht!

Du hast mich aus dem Schoß meiner Mutter gezogen,
hast mich sicher in deinen Armen gehalten!
Auf dich vertraute ich seit meiner Geburt;
seit ich den Schoß meiner Mutter verlassen habe,
bist du mein Gott!

Jetzt, Herr, hast du mich verlassen,
heute hast du mich vergessen!
Wohin soll ich gehen, wenn du mir fehlst;
was wird aus mir, wenn du mich verläßt?
Komm mir in deiner Huld entgegen,
laß mich deine Anwesenheit fühlen,
und ich bin gerettet!

9. Warum weist du mich zurück?

Mein Gott, denke daran:
Du bist mein Vater, und ich bin dein Kind!

Warum, o Herr, verwirfst du mich,
warum verbirgst du dein Gesicht vor mir?

Wird der Herr mich denn auf ewig verstoßen
und mir niemals mehr gnädig sein?
Hat seine Huld für immer ein Ende,
ist seine Verheißung aufgehoben für alle Zeiten?
Hat Gott seine Gnade vergessen,
im Zorn sein Erbarmen verschlossen?

Da sagte ich mir:
„Das ist mein Schmerz,
daß die Rechte des Höchsten so anders handelt!"
(Ps 88,15 und Ps 77,8-11a)

10. Wie lange noch?

Wie lange noch, Herr,
vergißt du mich ganz?
Wie lange noch verbirgst du dein Gesicht vor mir?
Wie lange noch muß ich Schmerzen ertragen
in meinem Kummer Tag für Tag?
(Ps 13,2-3a)

Herr,
„es gibt keinen besonderen Augenblick,
um mich anzuhören!
Die ganze Zeit über mußt du achthaben!
Die ganze Zeit über habe ich dich nötig!

Die ganze Zeit über mußt du mir dein Ohr leihen!
Die ganze Zeit ist keine Zeit zu verlieren,
denn meine Tage gehen dahin wie Rauch!"[12]

---

[12] Paul Claudel: Die sieben Bußpsalmen, französisch-deutsch.
Übertragen v. Klara Maria Faßbinder. Paderborn 1956, S. 28-29.

2.

Auf meine Krankheit und
meine Einsamkeit,
auf meine Zweifel und meine Fragen,
auf meine Angst und
meinen Widerstand …

1. ... antwortet Gott

a) Anrufung

„Herr,
du hast Worte ewigen Lebens."
(Joh 6,68)

Sprich, ich höre dir zu mit meiner ganzen Seele.
Sag mir ein Wort,
das meinen Glauben erleuchtet und meine Hoffnung
stärkt;
ein Wort der Stärkung und des Trostes;
ein Wort, das meine Zweifel zerstreut und mir meine
Angst nimmt!

Jes 43,1; 49,16; 51,16 und 54,10

Fürchte dich nicht, denn ich habe dich ausgelöst,
ich habe dich beim Namen gerufen, du gehörst mir ...
Sieh her,
ich habe dich eingezeichnet in meine Hände,
im Schatten meiner Hand habe ich dich verborgen ...
Auch wenn die Berge von ihrem Platz weichen
und die Hügel zu wanken beginnen –
meine Huld wird nie von dir weichen
und der Bund meines Friedens nicht wanken,
spricht der Herr, der Erbarmen hat mit dir.

Jes 41,9-10

Ich habe zu dir gesagt: Du bist mein Knecht,
ich habe dich erwählt und dich nicht verschmäht.
Fürchte dich nicht, denn ich bin mit dir,
hab keine Angst, denn ich bin dein Gott.
Ich helfe dir, ja, ich mache dich stark,
ja, ich halte dich mit meiner hilfreichen Rechten.

Jes 66,13 und 49,15; Jer 31,16-17a

Wie eine Mutter ihren Sohn tröstet,
so tröste ich euch!
Kann denn eine Frau ihr Kindlein vergessen,
eine Mutter ihren leiblichen Sohn?
Und selbst wenn sie ihn vergessen würde:
ich vergesse dich nicht.
Verwehre deiner Stimme die Klage und deinen Augen
die Tränen!
Denn es gibt einen Lohn für deine Mühe …
Es gibt eine Hoffnung für deine Nachkommen!

Ps 12,6 und 91,14-16

Die Schwachen werden unterdrückt,
die Armen seufzen.
Darum spricht der Herr:
„Jetzt stehe ich auf, dem Verachteten bringe ich
Heil."
„Weil er an mir hängt, will ich ihn retten;
ich will ihn schützen,
denn er kennt meinen Namen.
Wenn er mich anruft, dann will ich ihn erhören.
Ich bin bei ihm in der Not,
befreie ihn und bringe ihn zu Ehren.
Ich sättige ihn mit langem Leben und lasse ihn
schauen mein Heil."

Mt 11,28-30

Kommt alle zu mir,
die ihr euch plagt und schwere Lasten zu tragen habt.
Ich werde euch Ruhe verschaffen.
Nehmt mein Joch auf euch und lernt von mir;
denn ich bin gütig und von Herzen demütig;
so werdet ihr Ruhe finden für eure Seele.
Denn mein Joch drückt nicht, und meine Last ist
leicht.

Joh 16,23-24

Amen, amen, ich sage euch:
Was ihr vom Vater erbitten werdet,
das wird er euch in meinem Namen geben.
Bis jetzt habt ihr noch nichts in meinem Namen
erbeten.
Bittet, und ihr werdet empfangen,
damit eure Freude vollkommen ist.

Mt 7,7-11

Bittet, dann wird euch gegeben;
sucht, dann werdet ihr finden;
klopft an, dann wird euch geöffnet.
Denn wer bittet, der empfängt;
wer sucht, der findet;
und wer anklopft, dem wird geöffnet.
Oder ist einer unter euch,
der seinem Sohn einen Stein gibt, wenn er um Brot
bittet,
oder eine Schlange, wenn er um einen Fisch bittet?
Wenn nun schon ihr, die ihr böse seid,
euren Kindern gebt, was gut ist,
wieviel mehr wird euer Vater im Himmel denen
Gutes geben, die ihn bitten.

b) Anrufung

Herr,
du hast Worte ewigen Lebens!
Sprich, ich höre dir zu mit meiner ganzen Seele!
Sag mir ein Wort des Lebens, des Heiles und des Friedens!
Sag mir Worte des Glücks, die mir das Warten
erleichtern
und die mich die unendliche Freude ahnen lassen,
die mich erwartet.

Joh 3,16-18a; 15,9 und 11

Denn Gott hat die Welt so sehr geliebt,
daß er seinen einzigen Sohn hingab, damit jeder,
der an ihn glaubt, nicht zugrunde geht,
sondern das ewige Leben hat.
Denn Gott hat seinen Sohn nicht in die Welt gesandt,
damit er die Welt richtet,
sondern damit die Welt durch ihn gerettet wird.
Wer an ihn glaubt, wird nicht gerichtet.

Wie mich der Vater geliebt hat,
so habe auch ich euch geliebt.
Bleibt in meiner Liebe!
Dies habe ich euch gesagt,
damit meine Freude in euch ist
und damit eure Freude vollkommen wird.

Joh 8,12; 6,44; 14,6; 11,25-26

Ich bin das Licht der Welt.
Wer mir nachfolgt, wird nicht in der Finsternis
umhergehen,
sondern wird das Licht des Lebens haben.

Ich bin der Weg, die Wahrheit und das Leben;
niemand kommt zum Vater außer durch mich.
Niemand kann zu mir kommen,
wenn nicht der Vater, der mich gesandt hat, ihn zu
mir führt;
und ich werde ihn auferwecken am Letzten Tag.

Ich bin die Auferstehung und das Leben.
Wer an mich glaubt, wird leben,
auch wenn er stirbt,
und jeder, der lebt und an mich glaubt,
wird auf ewig nicht sterben.

Joh 6,37-40

Alles, was der Vater mir gibt,
wird zu mir kommen, und wer zu mir kommt,

den werde ich nicht abweisen;
denn ich bin nicht vom Himmel herabgekommen,
um meinen Willen zu tun, sondern den Willen dessen,
der mich gesandt hat.
Es ist aber der Wille dessen, der mich gesandt hat,
daß ich keinen von denen, die er mir gegeben hat,
zugrunde gehen lasse,
sondern daß ich sie auferwecke am Letzten Tag.
Denn es ist der Wille meines Vaters,
daß alle, die den Sohn sehen und an ihn glauben,
das ewige Leben haben und daß ich sie auferwecke
am Letzten Tag.

Joh 10,14-15; 10,10b; 10,7 und 10,9a

Ich bin der gute Hirt;
ich kenne die Meinen, und die Meinen kennen mich,
wie mich der Vater kennt und ich den Vater kenne;
und ich gebe mein Leben hin für meine Schafe ...
Ich bin gekommen,
damit sie das Leben haben und es in Fülle haben ...
Amen, amen, ich sage euch: Ich bin die Tür zu den
Schafen ...
Wer durch mich hineingeht, wird gerettet werden.

Joh 12,32; 3,13-15

Und ich, wenn ich über die Erde erhöht bin,
werde alle zu mir ziehen!

Und niemand ist in den Himmel hinaufgestiegen
außer dem,
der vom Himmel herabgestiegen ist: der Menschensohn.
Und wie Mose die Schlange in der Wüste erhöht hat,
so muß der Menschensohn erhöht werden, damit
jeder,
der (an ihn) glaubt, in ihm das ewige Leben hat.

36

Joh 14,1-3

Euer Herz lasse sich nicht verwirren.
Glaubt an Gott, und glaubt an mich!
Im Haus meines Vaters gibt es viele Wohnungen.
Wenn es nicht so wäre, hätte ich euch dann gesagt:
Ich gehe, um einen Platz für euch vorzubereiten?
Wenn ich gegangen bin und einen Platz für euch vorbereitet habe,
komme ich wieder und werde euch zu mir holen,
damit auch ihr dort seid, wo ich bin.

Jes 56,4-5 und 7a

Denn so spricht der Herr:
Den Verschnittenen, die meine Sabbate halten,
die gerne tun, was mir gefällt, und an meinem Bund festhalten,
ihnen allen errichte ich in meinem Haus und in meinen Mauern ein Denkmal,
ich gebe ihnen einen Namen, der mehr wert ist als Söhne und Töchter:
Einen ewigen Namen gebe ich ihnen, der niemals ausgetilgt wird.
… sie bringe ich zu meinem heiligen Berg
und erfülle sie in meinem Bethaus mit Freude.

c) Anrufung

Herr,
dein Wort ist Wahrheit;
es ist das Licht vor meinen Füßen
und die Lampe auf meinem Weg!
Sprich, ich höre dir zu mit meiner ganzen Seele!
Sag mir ein Wort, das mir das Warten erleichtert,
ein Wort, das meine Sehnsucht nach deinem Reich nährt,
ein Wort, das mein Streben nach den ewigen Gütern anspornt.

Offb 21,6-7

Ich bin das Alpha und das Omega,
der Anfang und das Ende.
Wer durstig ist,
den werde ich umsonst aus der Quelle trinken lassen,
aus der das Wasser des Lebens strömt.
Wer siegt, wird dies als Anteil erhalten:
Ich werde sein Gott sein, und er wird mir Sohn sein.

Jes 55,1a und 3a

Auf, ihr Durstigen, kommt alle zum Wasser!
Neigt euer Ohr mir zu, und kommt zu mir,
hört, dann werdet ihr leben.

Offb 22,17

Wer hört, der rufe: Komm!
Wer durstig ist, der komme.
Wer will, empfange umsonst das Wasser des Lebens.

Joh 7,37b-38

Wer Durst hat, komme zu mir,
und es trinke, wer an mich glaubt …
Wie die Schrift sagt: Aus seinem Innern werden
Ströme von lebendigem Wasser fließen.

Mt 5,1-12

Als Jesus die vielen Menschen sah, stieg er auf einen
Berg.
Er setzte sich, und seine Jünger traten zu ihm.
Dann begann er zu reden und lehrte sie. Er sagte:
Selig, die arm sind vor Gott;
denn ihnen gehört das Himmelreich.
Selig die Trauernden;
denn sie werden getröstet werden.
Selig, die keine Gewalt anwenden;
denn sie werden das Land erben.

Selig, die hungern und dürsten nach der Gerechtigkeit;
denn sie werden satt werden.
Selig die Barmherzigen;
denn sie werden Erbarmen finden.
Selig, die ein reines Herz haben;
denn sie werden Gott schauen.
Selig, die Frieden stiften;
denn sie werden Söhne Gottes genannt werden.
Selig, die um der Gerechtigkeit willen verfolgt werden;
denn ihnen gehört das Himmelreich.
Selig seid ihr, wenn ihr um meinetwillen beschimpft und verfolgt
und auf alle mögliche Weise verleumdet werdet.
Freut euch und jubelt:
Euer Lohn im Himmel wird groß sein.

Joh 17,24

Vater, ich will, daß alle, die du mir gegeben hast,
dort bei mir sind, wo ich bin.
Sie sollen meine Herrlichkeit sehen, die du mir gegeben hast,
weil du mich schon geliebt hast vor der Erschaffung der Welt.

Joh 16,22

So seid auch ihr jetzt bekümmert,
aber ich werde euch wiedersehen;
dann wird euer Herz sich freuen,
und niemand nimmt euch eure Freude.

d) Anrufung

Herr,
du hast Worte ewigen Lebens.
Sprich, ich höre dir zu mit meiner ganzen Seele.
Sag mir ein Wort, das mein Herz weit aufmacht und dazu führt,
daß ich mich selbst rückhaltlos und freudig hingebe.

Joh 10,15b,17-18a

Ich gebe mein Leben hin für die Schafe.
Deshalb liebt mich der Vater, weil ich mein Leben
hingebe …
Niemand entreißt es mir, sondern ich gebe es aus
freiem Willen hin.

Joh 15,13-14

Es gibt keine größere Liebe,
als wenn einer sein Leben für seine Freunde hingibt.
Ihr seid meine Freunde, wenn ihr tut,
was ich euch auftrage.

Joh 12,24-25

Amen, amen, ich sage euch:
Wenn das Weizenkorn nicht in die Erde fällt und
stirbt,
bleibt es allein;
wenn es aber stirbt, bringt es reiche Frucht.
Wer an seinem Leben hängt, verliert es;
wer aber sein Leben in dieser Welt geringachtet,
wird es bewahren bis ins ewige Leben.

2. … antworten die Jünger Jesu

Anrufung

Ihr, die Jünger des Herrn,
die ihr ihn mit euren eigenen Augen gesehen,
ihn mit euren Ohren gehört
und mit euren Händen berührt habt;
ihr, die ihr aus der Quelle der frohen Botschaft
des Heils getrunken habt,
gebt mir Anteil an eurem Licht,
um die schwierigen Stunden zu erhellen,
die ich durchlebe.

Röm 8,18-19,21-24a,25

Verherrlichung des Glaubenden

Ich bin überzeugt, daß die Leiden der gegenwärtigen Zeit nichts bedeuten im Vergleich zu der Herrlichkeit, die an uns offenbar werden soll. Denn die ganze Schöpfung wartet sehnsüchtig auf das Offenbarwerden der Söhne Gottes …
Auch die Schöpfung soll von der Sklaverei und Verlorenheit befreit werden zur Freiheit und Herrlichkeit der Kinder Gottes.
Denn wir wissen, daß die gesamte Schöpfung bis zum heutigen Tag seufzt und in Geburtswehen liegt.
Aber auch wir, obwohl wir als Erstlingsgabe den Geist haben, seufzen in unserem Herzen und warten darauf, daß wir mit der Erlösung unseres Leibes als Söhne offenbar werden. Denn wir sind gerettet, doch in der Hoffnung. Hoffen wir aber auf das, was wir nicht sehen, dann harren wir aus in Geduld.

2 Kor 4,14.16-17; 5,1

*Unsere Prüfungen sind leicht angesichts
der Herrlichkeit, die uns versprochen ist*

Denn wir wissen, daß der, welcher Jesus, den Herrn,
auferweckt hat, auch uns mit Jesus auferwecken und
uns zusammen mit euch (vor sein Angesicht) stellen
wird. Darum werden wir nicht müde; wenn auch
unser äußerer Mensch aufgerieben wird, der innere
wird Tag für Tag erneuert. Denn die kleine Last unserer gegenwärtigen Not schafft uns in maßlosem Übermaß ein ewiges Gewicht an Herrlichkeit, uns, die wir
nicht auf das Sichtbare starren, sondern nach dem
Unsichtbaren ausblicken; denn das Sichtbare ist ver-
gänglich, das Unsichtbare ewig. Wir wissen: Wenn
unser irdisches Zelt abgebrochen wird, dann haben
wir eine Wohnung von Gott, ein nicht von Men-
schenhand errichtetes ewiges Haus im Himmel.

Röm 14,7-9

Lebendig oder tot, wir gehören dem Herrn

Keiner von uns lebt sich selber, und keiner stirbt sich
selber: Leben wir, so leben wir dem Herrn, sterben
wir, so sterben wir dem Herrn. Ob wir leben oder
sterben, wir gehören dem Herrn. Denn Christus ist
gestorben und lebendig geworden, um Herr zu sein
über Tote und Lebende.

Röm 8,31b-32.35.37-39

*Nichts kann uns von der Liebe losreißen, die Gott
uns entgegenbringt*

Geliebte Brüder und Schwestern, schreibt der heilige
Paulus, ist Gott für uns, wer ist dann gegen uns?
Er hat seinen eigenen Sohn nicht verschont, sondern
ihn für uns alle hingegeben – wie sollte er uns mit ihm
nicht alles schenken? ...
Was kann uns scheiden von der Liebe Christi?

Bedrängnis oder Not oder Verfolgung, Hunger oder Kälte, Gefahr oder Schwert? – Doch all das überwinden wir durch den, der uns geliebt hat. Denn ich bin gewiß: Weder Tod noch Leben, weder Engel noch Mächte, weder Gegenwärtiges noch Zukünftiges, weder Gewalten der Höhe oder Tiefe noch irgendeine andere Kreatur können uns scheiden von der Liebe Gottes, die in Christus Jesus ist, unserem Herrn.

Röm 8,14-17

Als Kinder Gottes sind wir Miterben Christi

Denn alle, die sich vom Geist Gottes leiten lassen, sind Kinder Gottes. Denn ihr habt nicht einen Geist empfangen, der euch zu Sklaven macht, so daß ihr euch immer noch fürchten müßtet, sondern ihr habt den Geist empfangen, der euch zu Kindern macht, den Geist, in dem wir rufen: Abba, Vater! So bezeugt der Geist selber unserem Geist, daß wir Kinder Gottes sind. Sind wir aber Kinder, dann auch Erben; wir sind Erben Gottes und sind Miterben Christi, wenn wir mit ihm leiden, um mit ihm auch verherrlicht zu werden.

Phil 3,20-21

Christus wird unseren armseligen Leib verwandeln

Unsere Heimat aber ist im Himmel. Von dorther erwarten wir auch Jesus Christus, den Herrn, als Retter, der unseren armseligen Leib verwandeln wird in die Gestalt seines verherrlichten Leibes, in der Kraft, mit der er sich alles unterwerfen kann.

1 Joh 3,1-2

Wir werden Christus ähnlich sein

Seht, wie groß die Liebe ist, die der Vater uns geschenkt hat: Wir heißen Kinder Gottes, und wir sind es. Die Welt erkennt uns nicht, weil sie ihn nicht erkannt hat. Liebe Brüder, jetzt sind wir Kinder Gottes. Aber was wir sein werden, ist noch nicht offenbar geworden. Wir wissen, daß wir ihm ähnlich sein werden, wenn er offenbar wird; denn wir werden ihn sehen, wie er ist.

2 Kor 4,10

Wir tragen an unserem Leib das Leiden Jesu

Wohin wir auch kommen, immer tragen wir das Todesleiden Jesu an unserem Leib, damit auch das Leben Jesu an unserem Leib sichtbar wird.

Röm 12,1

Der wahre Gottesdienst: uns Gott als heiliges Opfer darzubringen

Angesichts des Erbarmens Gottes ermahne ich euch, meine Brüder und Schwestern, euch selbst als lebendiges und heiliges Opfer darzubringen, das Gott gefällt; das ist für euch der wahre und angemessene Gottesdienst.

Kol 1,24b

Das Leiden Christi vollenden

Für den Leib Christi, die Kirche, ergänze ich in meinem irdischen Leben das, was an den Leiden Christi noch fehlt.

1 Joh 3,14 und 16

Nach dem Beispiel Jesu sein Leben für seine Brüder und Schwestern hingeben

Wir wissen, daß wir aus dem Tod in das Leben hinübergegangen sind, weil wir die Brüder lieben. Wer nicht liebt, bleibt im Tod ... Daran haben wir die Liebe erkannt, daß Er sein Leben für uns hingegeben hat. So müssen auch wir für die Brüder das Leben hingeben.

2 Tim 2,8-10

Gemeinsam mit Christus Erlöser sein

Denk daran, daß Jesus Christus, der Nachkomme Davids, von den Toten auferstanden ist; so lautet mein Evangelium, für das ich zu leiden habe und sogar wie ein Verbrecher gefesselt bin; aber das Wort Gottes ist nicht gefesselt. Das alles erdulde ich um der Auserwählten willen, damit auch sie das Heil in Christus Jesus und die ewige Herrlichkeit erlangen.

1 Kor 2,9

Was Gott denen bereitet hat, die ihn lieben

Nein, wir verkündigen, wie es in der Schrift heißt, was kein Auge gesehen und kein Ohr gehört hat, was keinem Menschen in den Sinn gekommen ist: das Große, das Gott denen bereitet hat, die ihn lieben

Offb 22,3b-5

Sie werden sein Angesicht schauen

Der Thron Gottes und des Lammes wird in der Stadt stehen, und seine Knechte werden ihm dienen. Sie werden sein Angesicht schauen, und sein Name ist auf ihre Stirn geschrieben. Es wird keine Nacht mehr geben, und sie brauchen weder das Licht einer Lampe noch das Licht der Sonne. Denn der Herr, ihr Gott, wird über ihnen leuchten, und sie werden herrschen in alle Ewigkeit.

Offb 21,1a,2a,3-4

Gott wird alles neu machen

Dann sah ich einen neuen Himmel und eine neue Erde; denn der erste Himmel und die erste Erde sind vergangen, auch das Meer ist nicht mehr.
Ich sah die heilige Stadt, das neue Jerusalem, von Gott her aus dem Himmel herabkommen ... Da hörte ich

eine laute Stimme vom Thron her rufen: Seht, die Wohnung Gottes unter den Menschen!

Er wird in ihrer Mitte wohnen, und sie werden sein Volk sein; und er, Gott, wird bei ihnen sein. Er wird alle Tränen von ihren Augen abwischen: Der Tod wird nicht mehr sein, keine Trauer, keine Klage, keine Mühsal. Denn was früher war, ist vergangen.

Röm 12,12 und 21

Die letzten Ratschläge von Paulus

Seid fröhlich in der Hoffnung,
geduldig in der Bedrängnis,
beharrlich im Gebet!
Laß dich nicht vom Bösen besiegen,
sondern besiege das Böse durch das Gute!

3. ... antworten die Heiligen

Anrufung

Freunde Gottes,
ihr, die Heiligen aller Zeiten,
gebt mir Anteil an eurem Licht.
Sagt mir, wie ihr Gott erfahren habt,
welche Wege ihr gegangen seid,
um ihm nachzufolgen und mit ihm eins zu werden!
Sagt mir, was ihr empfindet
angesichts menschlichen Leides
und des Geheimnisses unserer Endlichkeit!

Der heilige Augustinus

1. Spät habe ich Dich lieben gelernt,
sagt der heilige Augustinus zu Gott,
Du alte und doch so neue Schönheit!
Spät habe ich Dich lieben gelernt.
Du warst in mir, und ich stand außen:
Dort habe ich Dich gesucht;
selber ohne Schönheit habe ich mich auf die
Schönheiten gestürzt,
die Du gemacht hast!
Du warst bei mir,
ich war derjenige, der nicht bei Dir war!
Was mich, weit entfernt von Dir, zurückgehalten
hat,
waren die Dinge, die nicht da wären,
wenn sie nicht in Dir wären!

Du hast mich gerufen, Du hast geschrien,
und Du hast meine Taubheit besiegt!
Du hast geleuchtet, und Dein Glanz hat meine
Blindheit vertrieben!
Du hast Deinen Wohlgeruch ausgeströmt:
Ich habe ihn eingeatmet und schmachte nach Dir!
Du hast mich angerührt,

und ich verbrenne vor Sehnsucht nach Deinem Frieden![1]

2. Du hast uns erschaffen für Dich, Herr,
so betet der heilige Augustinus,
und unruhig ist unser Herz,
bis es Ruhe findet in Dir.[2]

3. Du, Herr,
bist die Quelle des Lebens!
Durch Dein Licht kommen wir in Dein Licht!
Wenn ich ganz mit Dir verbunden sein werde,
wird es für mich nirgends mehr Schmerzen und Qualen geben:
Denn von da an wird mein Leben, solange ich lebe,
ganz von Dir erfüllt sein!

Wer ganz von Dir erfüllt wird, Herr,
den erleichterst Du;
aber da ich noch nicht ganz von Dir erfüllt bin,
bin ich mir selbst eine Last!
Herr, hab Erbarmen mit mir!

4. Gott, dem wir es verdanken,
daß wir nicht völlig untergehen,
und durch dessen Sieg der Tod bezwungen ist,
sei mir gnädig!

Gott, Du selber wendest uns zu Dir hin;
Du nimmst von uns weg, was nicht wirklich ist,
und bekleidest uns mit dem, was wirklich ist.
Gott, der Du uns bis zu jener Tür begleitest und machst,
daß sie sich auf unser Klopfen hin auftut,
sei mir gnädig!

---

[1] Augustinus: Die Bekenntnisse. Übertragen, eingeleitet und mit Anmerkungen versehen v. H. U. v. Balthasar (Christliche Meister 25). Einsiedeln 1985, X, 27, 38, S. 265-266.
[2] Augustinus: Die Bekenntnisse. Übertragen, eingeleitet und mit Anmerkungen versehen v. H. U. v. Balthasar (Christliche Meister 25). Einsiedeln 1985, I, 1, S. 31. Vgl. auch Gotteslob 3,4.

Gott, der uns läutert und uns vorbereitet auf den himmlischen Lohn,
komm mir zu Hilfe!
Daß sie sich mir öffnet, die Tür, an die ich klopfe,
zeige mir den Weg, wie ich zu Dir gelange!

Das Heil meines vergänglichen Leibes vertraue ich Dir an;
hilf mir, daß ich auch mit diesem Leib,
den ich führen und tragen muß, Mut zeige!
Gib mir die Möglichkeit, mich Deiner Wohnung würdig zu erweisen
und in Deinem Reich der Glückseligkeit zu wohnen.[3]

Der heilige Polykarp, Bischof von Smyrna und Märtyrer

Ich preise dich, Herr, daß du mich dieses Tages und dieser Stunde für würdig gehalten hast,
daß ich unter der Schar der Märtyrer am Kelch deines Christus teilhaben darf
zur Auferstehung des ewigen Lebens von Seele und Leib in Unverweslichkeit durch den Heiligen Geist.
Möge ich heute mit ihnen als wohlgefälliges Opfer in deine Gegenwart eingehen![4]

Der heilige Franz von Assisi

1. Herr, betet der heilige Franz,
was willst du von mir?
Warum hast du mich erschaffen?
Bringe dein Licht in das Dunkel meines Herzens!

Warum soll ich mich um das sorgen,
was nicht ewig ist?

---

[3] Soliloquia I,2-6; Augustinus, Selbstgespräche – Soliloquia deutsch, München 1937.
[4] Aus dem Brief der Kirche von Smyrna über das Martyrium des heiligen Polykarp – Opera patrum apostolicorum. Ed. F. X. Funk. Tübingen 1881, 297ff.

Ich gebe alles auf!
Ich mache mich auf die Suche nach dem Wesentlichen!
Wir wollen nach nichts anderem streben,
nichts anderes wollen!
Möge uns nichts anderes gefallen
und nichts anderes anziehen
als unser Schöpfer und Erlöser und Retter,
der einzige wahre Gott!
Möge uns nichts aufhalten,
möge uns nichts von ihm trennen,
möge sich nichts zwischen uns stellen!

2. Der Sonnengesang (Auszüge)

Allerhöchster, allmächtiger, guter Herr,
dir sei Lob, Ruhm und Ehre und alle Anbetung!

Sei gepriesen, Herr, mit all deinen Geschöpfen …

Sei gepriesen, Herr,
für die, die aus Liebe zu dir vergeben,
für die, die Krankheiten und Leiden erdulden.
Selig sind die, die sie ohne Murren erleiden,
denn sie werden von dir, Allerhöchster, gekrönt werden!

Sei gepriesen, Herr,
für unseren Bruder, den leiblichen Tod,
dem kein lebender Mensch entrinnen kann.
Selig die, die er in deinem heiligen Willen antrifft,
denn der zweite Tod wird ihnen nichts anhaben.[5]

3. Gebet „Absorbeat"

Herr, ich bitte dich:
daß die heiße und süße Kraft deiner Liebe meine Seele aufnehme

---

[5] Die Fioretti des heiligen Franziskus. Hrsg. v. D. Hildebrand, übers. v. S. Hamburger. Berlin 1926, 415-416. Vgl. auch Gotteslob 285.

und sie von allem wegziehe, was nicht im Himmel ist:
damit ich aus Liebe zu deiner Liebe sterbe,
da du die Güte hattest, aus Liebe zu meiner Liebe zu
sterben.[6]

Der heilige Johannes vom Kreuz

1. „Gib, daß wir uns aneinander freuen, o mein Vielgeliebter,
und daß wir uns in deiner Schönheit erkennen."
O mein Vielgeliebter, wenn „ich eine immer vollkom-
menere Liebe" lebe,
„werde ich mich in deiner Schönheit erkennen.
Ich wünsche, daß wir uns in der Schönheit ähnlich
sind,
damit ich dir ähnlich erscheine in deiner Schönheit
und mich in deiner Schönheit erkenne, wenn wir uns
anschauen!
Das wird dann sein, wenn du mich in deine Schönheit
umgestaltet hast.
Dann werde ich dich selbst in deiner Schönheit sehen,
und du wirst mich in deiner Schönheit sehen;
du wirst dich in mir und deiner Schönheit erkennen,
und ich werde mich in dir und deiner Schönheit
erkennen;
und so werde ich in dir und deiner Schönheit sichtbar
werden,
und du wirst in mir und deiner Schönheit sichtbar
werden;
die meine wird die deine sein;
in ihr werde ich du sein, und in ihr wirst du ich sein,
weil deine Schönheit auch die meine sein wird."[7]

---

6 Opuscules, Ecrits de saint François d'Assise. Ed. Franciscaines.
Paris.
7 Johannes vom Kreuz: Cántico Espiritual 35. Obras del Mistico
Doctor II. Toledo 1912.

2. Die Hoffnung, die man auf den Himmel hat,
erreicht so viel, wie sie erhofft![8]

3. Herr, offenbare mir deine Gegenwart,
damit das Schauen deiner Schönheit mir den Tod
bringt!
Wer aus Liebe Schmerzen erleidet, kann nur geheilt
werden,
wenn er das Antlitz des Geliebten sieht, wie du
weißt![9]

Die heilige Theresia von Avila

1. Nichts soll dich ängstigen,
nichts dich erschrecken.
Alles geht vorüber.
Gott allein bleibt derselbe.
Alles erreicht der Geduldige,
und wer Gott hat, der hat alles.
Gott allein genügt![10]
(Lesezeichen in ihrem Brevier)

2. Dein Verlangen sei, Gott zu sehen,
deine Furcht, ihn zu verlieren,
dein Schmerz, ihn nicht zu besitzen,
deine Freude sei das, was dich zu Ihm führen kann,
und du wirst in einem tiefen Frieden leben![11]

Die heilige Theresia vom Kinde Jesu

Ich weiß, daß man einfach nur rein sein muß,
um vor dem Gott aller Heiligkeit zu erscheinen;
aber ich weiß auch, daß der Herr unendlich gerecht
ist,

---

[8] Johannes vom Kreuz: Die lebendige Flamme. Übertr. v. I. Behn.
Einsiedeln 1964.
[9] Geistliches Gedicht, enthalten in der Ausgabe von Jaën. Œuvres
spirituelles. Paris, Verlag Seuil, S. 679.
[10] Gotteslob 5,2.
[11] Elévations, prières, pensées. Hrsg. beim französischen Verlag
Gigord.

und gerade diese Gerechtigkeit, die so viele erschreckt,
ist es,
die der Gegenstand meiner Freude und meines Vertrauens ist.

Ich hoffe ebenso auf seine Gerechtigkeit
wie auf sein Erbarmen;
weil er gerecht ist,
ist er mitfühlend und voller Milde,
er ist langsam, wenn es darum geht zu strafen,
und fließt über von Erbarmen, denn er kennt unsere
Schwäche.
Wie ein Vater Zärtlichkeit für seine Kinder empfindet,
so hat der Herr Mitleid mit uns.

Wenn ich alle möglichen Verbrechen begangen hätte,
hätte ich immer noch unendliches Vertrauen in Gott:
Ich fühlte, daß all diese Sünden wie ein Wassertropfen
wären,
der in ein glühendes Flammenmeer fällt. [12]

Die selige Elisabeth von der Dreifaltigkeit

O, mein Gott, Dreifaltigkeit, die ich anbete,
hilf mir, mich ganz zu verlieren
um mich in dir unbeweglich und friedlich festzumachen,
als ob meine Seele schon in der Ewigkeit wäre.
Möge nichts meinen Frieden stören
oder mich von dir trennen, o mein Unwandelbarer,
sondern jede Minute mich mehr in die Tiefe deines
Geheimnisses führen.
Gib meiner Seele Frieden. Mache daraus deinen Himmel,
deine geliebte Wohnung und den Ort deiner Ruhe.

---

[12] Brief an Père A. Roulland, in: Une course de géants: Lettre. Vollständig bei der beim Pariser Verlag Editions du Cerf erschienenen Ausgabe, S. 408.

Möge ich dich dort niemals allein lassen,
sondern immer ganz dasein,
ganz wach in meinem Glauben, ganz anbetend,
ganz hingegeben deinem schöpferischen Wirken.

O mein geliebter Jesus, aus Liebe gekreuzigt,
ich möchte eine Braut deines Herzens sein ...
Ich bitte dich, mich mit dir selbst zu bekleiden,
meine Seele mit allen Regungen deiner Seele gleichzu-
setzen,
mich zu überwältigen, in mich einzudringen,
dich an meine Stelle zu setzen,
damit mein Leben nur die Wirkung deines Lebens
hat.
Komm zu mir als Anbeter, als Heiler und als Retter ...

In allem Dunkel, in aller Sinnlosigkeit, in aller Ohnmacht
will ich mich immer an dir festmachen
und in deinem hellen Licht bleiben ...
Hülle dich in mich,
damit ich mich in dich einhüllen kann in der Hoffnung,
daß ich in deinem Licht die Unermeßlichkeit deiner
Größe schauen kann. [13]

---

13 Elévations à la Sainte Trinité, Auszüge.

4. ... antworten die Mystiker, geistliche Menschen und Dichter

Mark Aurel

Vertiefe dich, vertiefe dich nach innen.
Vertiefe dich nach innen, denn die Quelle ist in dir.
Und wenn du dich vertiefst, ist sie immer bereit, hervorzuquellen,
vorausgesetzt, du vertiefst dich immer wieder. [14]

Kyrill von Alexandrien

Der Tod wird durch meinen Tod sterben,
und die menschliche Natur wird mit mir auferstehen.

Blaise Pascal

Tröste dich!
Du würdest mich nicht suchen,
wenn du mich nicht schon gefunden hättest!

Ich habe dich mehr geliebt,
als du deine Makel geliebt hast!
Ich habe in meinem Todeskampf an dich gedacht.
Ich habe jenen Blutstropfen für dich vergossen!

Christus liegt bis zum Ende der Welt im Todeskampf!

Freue dich! Freue dich! Weine vor Freude! [15]

Thomas v. Kempen: Nachfolge Christi

Herr, wo du weilst,
ist der Himmel;
Tod und Hölle dagegen herrschen,
wo du fehlst. [16]

---

[14] Selbstbetrachtung – Commentarii deutsch, Leipzig 1925.
[15] Blaise Pascal: Geist und Herz. Eine Auswahl aus dem Gesamtwerk. Hrsg. v. Hans Giesecke. Berlin o. J., S. 236.
[16] Thomas v. Kempen: Nachfolge Christi III, 59. Übers. v. Hugo Harder. Zürich – Einsiedeln – Köln 1979, S. 251.

Victor Hugo

Ihr, die ihr weint,
kommt zu Gott, denn auch Er weint!
Ihr, die ihr leidet,
kommt zu Ihm, denn Er heilt!
Ihr, die ihr bangt,
kommt zu Ihm, denn Er lacht!
Ihr, die ihr sucht,
kommt zu Ihm, denn Er wartet!
Ihr, die ihr vorübergeht,
kommt zu Ihm, denn Er bleibt!

Paul Claudel

Kreuzweg[17]

Was für ein feierlicher Augenblick ist es,
in dem Christus zum ersten Mal das ewige Kreuz auf
sich nimmt!
Es gäbe mehr Verbrechen ohne einen Gott oben
und mehr Kreuz ohne Christus!
Gott ist jetzt oben, der nicht gekommen ist,
um zu erklären, sondern um zu erfüllen!
Oh, wie lang ist das Kreuz
und wie ungeheuer groß und schwer!
Wie hart es ist!
Wie schwer ist das Gewicht der unnötigen Sünden!
Wie lange dauert es, es Schritt für Schritt zu tragen,
bis man da oben stirbt!
Herr,
gib mir Geduld auf meinem Weg des Holzes,
das du mir zu tragen gibst.
Denn wir müssen das Kreuz tragen,
bevor das Kreuz uns trägt!
(*Zweite Station*)

---

[17] Paul Claudel: Der Kreuzweg. Übertragen v. Klara Maria Faßbinder. Paderborn 121957.

Die vierte Station ist Maria, die alles angenommen hat ...
Sie steht aufrecht vor Gott
und läßt ihn in ihrer Seele lesen.
In ihrem Herzen gibt es nichts,
was sich weigert oder zurückzieht.
Nicht eine Faser gibt es in ihrem gebrochenen Herzen,
die nicht annimmt und zustimmt.
Und wie Gott selbst, der da ist,
ist auch sie da.
Sie akzeptiert und betrachtet diesen Sohn,
den sie in ihrem Schoß empfangen hat.
Sie sagt kein Wort
und betrachtet den Heiligsten der Heiligen.
(Vierte Station)

Es kommt der Augenblick, in dem du nicht mehr kannst
und man nicht mehr weitergehen kann.
Das ist dann, ... wenn du erlaubst,
daß man auch uns ... bei deinem Kreuz einsetzt,
so wie Simon von Cyrene, dem man dieses Holzstück auflädt.
Er packt kräftig zu und geht hinter Jesus her,
damit das Kreuz nicht hinterhergezogen wird oder verlorengeht.
(Fünfte Station)

Lehre uns, Veronika,
keinen Wert zu legen auf die Meinung der Leute.
Denn derjenige, für den Jesus Christus nicht nur ein Abbild,
sondern Wirklichkeit ist,
wird für die anderen Menschen auch verdächtig ...
Damit er aufpaßt, was er tut,
denn man schaut auf ihn.
Damit er auf jeden seiner Schritte achtet,
denn er ist ein Zeichen.
Denn jeder Jünger Christi ist ein wahres,
wenn auch erbärmliches Abbild.
(Sechste Station)

Johanna auf dem Scheiterhaufen[18]

Man glaubt, daß alles zu Ende sei;
aber gerade da ist die Hoffnung am stärksten
ist die Freude am reinsten,
ist die Liebe am größten,
gerade da ist Gott am stärksten!

Brief an Suzanne Fouché[19]

Der Kranke fragt sich ständig: Warum? Warum? Warum leide ich? ... Was ist mit mir geschehen? Warum bin ich zur Seite geschoben worden, warum ohnmächtig, nutzlos ...?
Auf diese furchtbare Frage, die älteste Frage der Menschheit, die Ijob geradezu förmlich, ja liturgisch formuliert hat, konnte nur Gott, direkt angerufen und dazu aufgefordert, eine Antwort geben, und die Schuld war so ungeheuer groß, daß nur das Wort sie sühnen konnte, nicht indem es eine Erklärung gab, sondern indem es gegenwärtig wurde, wie im Evangelium geschrieben steht: „Ich bin nicht gekommen, um zu erklären, um Zweifel durch eine Erklärung zu zerstreuen, sondern um durch meine Gegenwart eine Erklärung überflüssig zu machen." Der Sohn Gottes ist nicht gekommen, um Leiden zu beseitigen, sondern um mit uns zu leiden. Er ist nicht gekommen, um das Kreuz zu zerstören, sondern um sich daran auszustrecken. Von allen besonderen Privilegien der Menschheit hat Er sich ausgerechnet dieses für sich selbst ausgesucht, durch den Tod hat Er uns gelehrt, daß dieser der Weg zum Leben und die Möglichkeit zur Umkehr ist.

---

[18] Vgl. Paul Claudel: Johanna auf dem Scheiterhaufen. In freier deutscher Fassung v. H. Reinhart. Berlin – Wiesbaden o. J., S. 38f.
[19] Dialogues avec la souffrance. Paris, Spes-Verlag.

Michel Quoist

Man muß dieses Böse auf dem Weg akzeptieren:
man muß es sogar ertragen!
Ich kenne das, mein Kind,
ich habe es erlebt, mein Kind:
es war mein Leiden!

Man muß es durchstehen,
das muß bei meiner Erlösung so sein,
denn,
bevor man wieder aufersteht, muß man sterben;
bevor man stirbt, muß man leiden;
bevor man leidet, muß man in den letzten Zügen liegen.

Geh dem Leid nicht aus dem Weg,
im Gegenteil, sei bereit.
Leide und stirb!
Die Freude kommt später! [20]

Maurice Zundel

Gott kann nichts für Krankheiten[21]

Gott ist nicht der Schöpfer dieser Welt, dieser Welt voller Tränen und Blut, dieser Welt, in der der Tod zum Leben gehört. Gott kann nichts dafür! Gott hat nichts zu tun mit dem Tod, nichts zu tun mit Leiden, nichts zu tun mit Krankheiten! Und dieser Schrei der Unschuld zieht sich durch die ganze Heilige Schrift hin bis zum Schrei des Todeskampfes Jesu: „Vater, laß diesen Kelch an mir vorübergehen!", bis zu jenem lauten Schrei, der sein letzter ist, den Jesus am Kreuz ausstößt: „Mein Gott, mein Gott, warum hast du mich verlassen?"
Das Böse in der Welt ist gegen Gott, und es ist, obwohl es Gott gibt, weil diese Welt nicht die Welt

---

20 Michel Quoist: Herr, da bin ich. Gebete, 62. Auflage 1997, Verlag Styria, Graz – Wien – Köln.
21 Geistlicher Vortrag, gehalten in London im Jahre 1964.

ist, die Gott will. Gott ist niemals die Ursache für Böses; er ist nicht nur immer auf der Seite der Opfer, sondern er selbst ist das erste Opfer des Bösen.

Eine Liebe der Identifikation[22]

Die Liebe Gottes zu uns ist wie die Liebe einer Mutter zu ihrem Sohn, der auf die schiefe Bahn geraten ist. Das ist eine Liebe der Identifikation, die in allen Phasen im Leben ihres Sohnes mitfühlt.

Es kann also in Gott Schmerzen geben; es gibt in Gott Schmerzen, genauso wie es Liebe gibt. Keine Schmerzen, die ihn vernichten, die ihn irgendeiner Sache berauben, sondern Schmerzen der Identifikation mit dem geliebten Wesen, die so weit gehen, daß man sagen muß, daß Gott sie für uns trägt, in uns, vor uns, mehr als wir, so wie eine Mutter, die von allem mitbetroffen ist, was uns trifft.

Deshalb gerate ich in Wut, wenn jemand sagt: „Gott läßt das Böse zu." Nein, Gott läßt das Böse nie zu; er leidet daran, er stirbt daran, er ist sein erstes Opfer, und wenn es das Böse gibt, dann deshalb, weil Gott sein erstes Opfer ist.

Den Tod während des Lebens besiegen

Die große Tragödie besteht darin, den Tod nicht während des Lebens besiegt zu haben. Darüber hinaus besteht das wahre Problem nicht darin, zu wissen, ob wir nach dem Tod leben, sondern ob wir vor dem Tod leben. Es hat überhaupt keinen Sinn, was auch immer für ein Dasein nach dem Tod zu fordern, wenn man nicht vorher während seines Lebens den Tod besiegt hat.

In dem Maße, wie man während des Lebens den Tod bezwungen hat, erreicht man einen Gipfel, von dem aus man den Horizont der Unsterblichkeit undeutlich

---

[22] Exerzitienvortrag, gehalten in Genf im Jahre 1962.

wie eine Wirklichkeit sehen kann, die übrigens in uns selbst ist, denn das wahre Jenseits ist in uns.

Die Zeit ist einfach nur unsere Entfernung von uns selbst. Und die Zeit kann zur Ewigkeit werden, wenn wir uns in uns selbst zurückziehen, wenn wir aus unserem Leben ein Geschenk machen.

Wenn wir vor dem Tod lebten, wenn wir diese Größe besäßen, diese starke Ausstrahlung, in der ein Wert sichtbar wird, wenn wir in uns eine sprudelnde Quelle hätten, wenn unser Leben überall das Licht aufstrahlen ließe, wenn es sich in einem Dialog mit der Ewigkeit befände, wenn unsere Taten nicht begrenzt wären, wenn sie die gesamte Größe und Tragweite hätten, die die Liebe verleihen kann, wäre der Tod allmählich besiegt, die Zeit würde für uns andauern und wir würden „jene Sternstunden" vervielfältigen, von denen Zweig spricht.[23]

Sana'i (islamischer Mystiker, Persien)

O Kamerad, stirb, bevor du stirbst,
wenn du das Leben willst!
Gib alles auf, was dich daran hindert,
zu dem Freund zu kommen!
Verzichte auf alles,
was dich vom Weg abbringt![24]

Michel Pauchmard

Das Schweigen Gottes spricht für ihn

Bewährtes Schweigen Gottes.
Notwendiges Schweigen Gottes:
Es spricht für ihn!
Wenn Gott spricht, spricht er nicht leichtfertig …
Wir, wir reden viel.
Aber noch zahlreicher sind die sprechenden Worte,

---

[23] L'expérience de la mort. In: Choisir Nr. 36. Genève/Genf 1962.
[24] Encyclopédie des Mystiques. Paris, Verlag Seghers, Bd. 2, S. 497.

die Worte, die bezeichnen, die bleiben,
die schöpferischen Worte …

Es spricht für Gott, das Schweigen,
mehr noch als jene Flut von Worten,
der wir die Autorität Gottes zuweisen …

Gott schweigt. Ich sage nicht: Gott ist stumm.
Von einem Stummen erwarte ich kein Wort.
Wenn Gott schweigt, dann deshalb, weil er gesprochen hat.
Er hat zu mir gesprochen. Also wird er auch wieder sprechen.

Das Schweigen erkennen heißt,
dich auf das Kommen des Wortes vorzubereiten, das kommen wird.
Dieses Schweigen ist schon nahrhaft:
Denn durch das Schweigen wird die Geburt eines wahren Wortes vorbereitet.
Dieses Schweigen, laß es in dich hinein.
Dein Hunger nach dem Wort breite sich in diesem Schweigen aus!

Glaube nicht, daß Gott gesprochen habe, um zu leben.
Lebe und du wirst Gott zum Sprechen bringen.
Du wirst das Wort Gottes auf dem Weg finden,
den du eingeschlagen hast
als Nahrung für deine Reise.
Wenn du die Schwäche einmal überwunden hast,
wird dieser Schockzustand, in den dich das Leiden versetzt hat,
das Schweigen brechen durch die Anrufung:
„Sprich, wenn du Gott bist!"
Was macht es, wenn dein Gebet nur unzusammenhängende Worte sind.
Es ist auf jeden Fall das Aufbrechen der Umklammerung.
Aber sobald du kannst,
suche jene Worte, die dich nähren,

jene Worte, die Quellen sind,
aus denen ein neuer Sinn offenbar wird,
anstatt dich durch unzusammenhängende Rede auszudrücken.
Mach eine Kur in der Wüste!
Eine Kur des Schweigens, keine Kur der Stummheit!
Selbst in der Wüste ist das Wort zu hören.
Woher wird in jener Zeit des Schweigens das Wort
Gottes kommen?

Daran wirst du es erkennen:
es ist ein Wort, das Wurzeln gibt,
ein Wort, das erneuert, ein Wort, das sich der Gemeinschaft öffnet,
ein Wort, das versöhnt,
ein Wort, das in die österliche Auferstehung hineinreißt.[25]

---

[25] Aus der Zeitschrift Ecclesia Nr. 228, III 1968: Le silence de Dieu.
Paris.

3.

Gebete
für alle Zeiten

1. Das Apostolische Glaubensbekenntnis

Einladung

Gemeinsam wollen wir unser Glaubensbekenntnis erneuern:

Ich glaube an Gott, den Vater, den Allmächtigen,
den Schöpfer des Himmels und der Erde,
und an Jesus Christus,
seinen eingeborenen Sohn, unsern Herrn,
empfangen durch den Heiligen Geist,
geboren von der Jungfrau Maria,
gelitten unter Pontius Pilatus,
gekreuzigt, gestorben
und begraben,
hinabgestiegen in das Reich des Todes,
am dritten Tage auferstanden von den Toten,
aufgefahren in den Himmel;
er sitzt zur Rechten Gottes,
des allmächtigen Vaters;
von dort wird er kommen,
zu richten die Lebenden und die Toten.
Ich glaube an den Heiligen Geist,
die heilige katholische Kirche,
Gemeinschaft der Heiligen,
Vergebung der Sünden,
Auferstehung der Toten
und das ewige Leben.
Amen.[1]

Wenn der Kranke ohne Mühe antworten kann, kann man auch die Frageform verwenden:

Glaubst Du an Gott, den Vater,
den Allmächtigen,
den Schöpfer des Himmels und der Erde?
Antwort: Ich glaube.

---

[1] Meßbuch, S. 341; Gotteslob 2,5.

Glaubst Du an Jesus Christus,
seinen eingeborenen Sohn, unseren Herrn,
der geboren ist von der Jungfrau Maria,
der gelitten hat und begraben wurde,
von den Toten auferstand
und zur Rechten des Vaters sitzt?
Antwort: Ich glaube.

Glaubst Du an den Heiligen Geist,
die heilige katholische Kirche,
die Gemeinschaft der Heiligen,
die Vergebung der Sünden,
die Auferstehung der Toten und das ewige Leben?
Antwort: Ich glaube.
(Die Feier der Krankensakramente, S. 140)

Eine andere Formel:

a) Mein Gott, ich glaube an dich,
du aber stärke meinen Glauben!
Mein Gott, ich glaube an dich,
du aber komm der Schwachheit meines Glaubens zu
Hilfe!

Ich glaube, mein Gott, daß du mein Vater bist
und ich dein Kind bin!

Ich glaube,
daß du mich mit einer immerwährenden Liebe liebst
und daß du meinen Namen in deine Hand geschrieben hast!

Ich glaube an deine bedingungslose
und uneingeschränkte Liebe zu allen Menschen!

Ich glaube an deine unendliche Zärtlichkeit
und dein grenzenloses Erbarmen!

b) Ich glaube, daß du mich kennst als einzigartiges
Wesen vor dir.

Ich glaube,
daß du an den Menschen glaubst
und daß die Menschen deine ganze Hoffnung sind!

Ich glaube,
daß wir durch dich und auf dich hin erschaffen sind
und daß es für uns – um zu dir zu gelangen –
keine anderen Wege gibt als dich!

Ich glaube,
daß du uns für dich geschaffen hast
und daß unser Herz unruhig ist,
bis es Ruhe findet in dir!

Ich glaube, Herr Jesus Christus,
daß du der Weg bist, der in das Reich des Vaters führt,
das Licht, das unsere Finsternis erhellt,
und die Wahrheit, die uns frei macht!

Ich glaube,
daß alles, worum wir den Vater in deinem Namen
bitten,
Erfüllung findet!

c) Ich glaube, mein Gott,
daß du das Leben unseres Lebens bist!

Ich glaube,
daß das Leben hier unten nicht das ganze Leben ist
und daß der Tod nicht das Ende ist,
sondern ein Ostern, das heißt ein Übergang in Leben
und Licht!

Ich glaube an die Auferstehung des Fleisches
und an das ewige Leben!

Ich glaube,
daß die Auferstehung deines Sohnes
unsere Auferstehung ankündigt und möglich macht!

d) Ich glaube, Herr Jesus Christus,
daß du aus dieser Welt zu deinem Vater gegangen bist,
um uns einen Platz zu bereiten,
damit wir dort sind, wo du bist

Ich glaube, daß ich nach meinem Tod
dein Angesicht unverhüllt schauen werde
und daß in dir meine Freude vollkommen sein wird!

Ich glaube,
daß du mir einen Blick für ein anderes Licht gegeben
hast!

Ich glaube,
daß meine Augen sich bald öffnen werden,
wenn wir uns in der Ewigkeit gegenüberstehen werden!

Ich glaube,
daß mein Leben ganz von dir erfüllt sein wird,
wenn ich bei dir lebe!

Ich glaube,
daß ich im Himmel dir ähnlich sein werde,
daß deine Heiligkeit auch die meine,
daß deine Fülle ebenso die meine,
daß deine Schönheit auch die meine sein wird!

Ich glaube, mein Gott,
daß das Gute stärker ist als das Böse,
daß die Gnade größer ist als die Sünde,
daß das Licht stärker ist als die Finsternis,
daß die Hoffnung größer ist als die Verzweiflung,
daß die Liebe stärker ist als der Tod!

2. Lob- und Dankgebete

Anrufung

Herr, öffne mir die Lippen,
und mein Mund wird deinen Ruhm verkünden!
(Ps 51,17)

oder

Lobe den Herrn, meine Seele,
und alles in mir seinen heiligen Namen!
Lobe den Herrn, meine Seele,
und vergiß nicht, was er dir Gutes getan hat!
(Ps 103,1-2)

oder

Ich will den Herrn loben,
solange ich lebe,
meinem Gott singen und spielen,
solange ich da bin.
(Ps 146,2)

1. Gepriesen seist du, Herr,
du einziger Gott, der sich – von Anfang an –
unseren Vätern im Glauben geoffenbart hat!

Gepriesen seist du, dreifaltiger Gott:
Vater, Sohn und Heiliger Geist,
Gott der Liebe, der Beziehung und der Gemeinschaft!

Gepriesen seist du, mein Gott,
du absolutes Glück und unendliche Freude!

Gepriesen seist du, Gott, unser Vater,
für deinen geliebten Sohn,
den du in die Welt gesandt hast,
um sie mit dir zu versöhnen,
und der für uns das menschliche Angesicht
deiner Zärtlichkeit ist!

Gepriesen seist du, Herr,
für die Schöpfung und das All,
die das Geschenk deiner Liebe sind
und in denen ich meine Wurzeln habe,
die mich tragen und die ich tragen soll!

Gepriesen seist du, Vater,
für Krankheiten, für das Leiden,
für den Todeskampf deines Sohnes
und für das Kreuz des Kalvarienberges,
die einzigen angemessenen Antworten auf das Böse,
das uns zustößt!

Gepriesen seist du für seine glorreiche Auferstehung,
die unsere Auferstehung
ankündigt und möglich macht!

Gepriesen seist du für seine Auffahrt in den Himmel,
wohin er uns vorausgegangen ist
und wo er uns einen Platz bereitet!

Gepriesen seist du, Herr, für den Geist,
den du in das Herz jedes Menschen ausgegossen hast,
um ihn auf dich hin auszurichten!

Gepriesen seist du, heiliger Vater,
für die Jungfrau Maria, die Mutter deines Sohnes,
unser aller Mutter und unsere Fürsprecherin bei dir!

2. Gepriesen seist du, Herr,
für deine unendliche Liebe, die du für uns hegst,
für deine Zärtlichkeit und die Fürsorge,
mit der du uns umgibst,
dafür, daß du auf unser Leben achtest,
auf unsere Freude wie auf unseren Kummer,
den du kennst, den du zu dem deinen machst
und ihn ganz auf dich nimmst, auch wenn du
schweigst!

Gepriesen seist du, mein Gott,
für das Leben, das ich von dir empfangen habe,
für deine Gnade, die immer für mich da war,

für die Taufe, durch die ich in dir neu geboren bin,
für den Leib und das Blut deines Sohnes,
die mich genährt haben,
für deine unablässig gewährte Vergebung!

Gepriesen seist du, Herr,
für die Schönheiten des Alls,
die meine Augen erfreut
und mein Herz erfüllt haben!

Gepriesen seist du, Herr,
für alles, was ich empfangen habe
von der Kirche und meinen Brüdern und Schwestern!

Gepriesen seist du, Herr,
für die Durchsichtigkeit der Menschen für dich,
die du mir mit auf den Weg gegeben hast
und die mir dein Antlitz gezeigt haben!

Gepriesen seist du, Herr,
für alle, die ich liebe
und die mich mit ihrer Zuneigung umsorgen!

3. Gepriesen seist du, Herr,
der du niemals meine Gebete zurückgewiesen hast,
noch dein Antlitz von mir gewandt hast!

Gepriesen seist du, Herr,
für alles, was du mit mir gewesen bist,
in mir, für mich und durch mich!

Gepriesen seist du, Herr,
für die wunderbare Liebesgeschichte,
die ich mit dir gelebt habe!

Gepriesen seist du, Herr,
für die menschliche Gebrechlichkeit,
die in uns an deine Gegenwart und deine Macht er-
innert.

Gepriesen seist du, Herr,
für die Prüfung, die ich erlebe,
weil sie mich zum Wesentlichen hinführt:
meiner Vereinigung mit dir!

Gepriesen seist du, Herr,
für das himmlische Königreich,
das durch deine Gnade schon jetzt in mir ist.

Gepriesen seist du, Herr,
für unseren Bruder, den leiblichen Tod,
der uns ermöglicht, deine Herrlichkeit zu schauen,
indem er den Schleier zerreißt,
der uns noch von dir getrennt hat.

Gepriesen seist du, Herr,
daß du mir die Gnade geschenkt hast,
einen christlichen Tod im Vertrauen auf Jesus,
in der Hingabe an ihn und in seiner Liebe zu erleben.

Gepriesen seist du, Herr,
für meine letzte Stunde, in der ich nicht sterben,
sondern in das ewige Leben eingehen werde!

3. Reue

Einladung

Du allein, Herr,
hast die Worte des Heiles!
Sprich, ich höre dir zu mit meiner ganzen Seele!
Sag mir armem Sünder
ein Wort des Erbarmens und der Vergebung,
ein Wort des Friedens und der Versöhnung.

GOTT ANTWORTET:

Ez 18,23

Habe ich etwa Gefallen am Tod des Schuldigen
– Spruch Gottes, des Herrn –
und nicht vielmehr daran, daß er seine bösen Wege
verläßt
und so am Leben bleibt?

Jes 1,18

Kommt her, wir wollen sehen, wer von uns recht hat,
spricht der Herr.
Wären eure Sünden auch rot wie Scharlach,
sie sollen weiß werden wie Schnee.
Wären sie rot wie Purpur,
sie sollen weiß werden wie Wolle.

Jes 55,6-7

Sucht den Herrn,
solange er sich finden läßt,
ruft ihn an,
solange er nahe ist.
Der Ruchlose soll seinen Weg verlassen,
der Frevler seine Pläne.
Er kehre um zum Herrn,
damit er Erbarmen hat mit ihm,

und zu unserem Gott;
denn er ist groß im Verzeihen.

Ez 36,25-26

Ich gieße reines Wasser über euch aus,
dann werdet ihr rein.
Ich reinige euch von aller Unreinheit
und von allen euren Götzen.
Ich schenke euch ein neues Herz
und lege einen neuen Geist in euch.
Ich nehme das Herz von Stein aus eurer Brust
und gebe euch ein Herz von Fleisch.

Mt 6,14-15

Denn wenn ihr den Menschen ihre Verfehlungen vergebt,
dann wird euer himmlischer Vater auch euch vergeben.
Wenn ihr aber den Menschen nicht vergebt,
dann wird euch euer Vater eure Verfehlungen auch nicht vergeben.

Röm 5,20b und 1 Joh 3,20

Wo jedoch die Sünde mächtig wurde,
da ist die Gnade übergroß geworden.

Denn wenn das Herz uns auch verurteilt
Gott ist größer als unser Herz,
und er weiß alles.

Blaise Pascal

Ich habe in meinem Todeskampf an dich gedacht.
Ich habe jenen Blutstropfen für dich vergossen!
Ich liebe dich mehr,
als du deine Makel geliebt hast![2]

---

[2] Blaise Pascal: Geist und Herz. Eine Auswahl aus dem Gesamtwerk. Hrsg. v. Hans Giesecke. Berlin o. J., S. 236.

Die hl. Angela von Foligno

Ich habe in meinem Herzen mehr Macht, zu vergeben,
als die Erde Macht hat, zu sündigen,
sagt der Herr zur heiligen Angela von Foligno!

Ich sage dir weder, was ich mit Salomo gemacht habe,
noch, was ich mit Judas gemacht habe,
damit die Menschen mein Erbarmen nicht ausnutzen!

Schwester Josefa Menendez

Du kannst nicht wissen, wie sehr ich dich liebe,
hat Jesus zu Schwester Josefa Menendez gesagt.
Wenn du es nicht wagst, zu mir zu kommen,
werde ich derjenige sein, der zu dir kommt!

Es gibt viele, die an mich glauben,
aber nur wenige, die an meine Liebe glauben,
und von denen, die an meine Liebe glauben,
zu wenige, die sich auf mein Erbarmen verlassen!

Viele erkennen mich als Gott an,
aber nur wenige, die sich mir wie einem Vater anvertrauen![3]

Liebe mich so, wie du bist

Mein Kind, sagt Gott,
ich kenne dein Elend, den Kampf
und die Qualen deiner Seele!

Ich kenne deine Schwäche und deine Gebrechen;
ich weiß um deine dunklen Seiten, deine Bedürftigkeit, deine Ohnmacht und deine Sünden!

Aber ich sage dir dennoch:
„Schenk mir dein Herz!
Liebe mich so, wie du bist!"

---

[3] Un appel à l'amour. Apostolat de la prière. Toulouse.

Wenn du darauf warten willst,
bis du ein Heiliger bist,
bevor du dich meiner Liebe öffnest,
wirst du mich niemals lieben!

Auch wenn du Fehler und Schwächen hast,
lasse ich nicht zu, daß du mich nicht liebst,
denn ich habe dich geschaffen, damit du mich liebst.
Der Gesang deiner Seele ist mir wichtig.

Liebe mich, denn ich bin die unendliche Liebe
und der Ursprung der Liebe, den du noch suchst.
Dann wirst du mich so lieben, wie ich es wünsche.

Verweise nicht ständig auf dein Elend und deine Not!
Sondern liebe mich in jedem Augenblick so, wie du
bist,
in jeder Lage, in der du dich befindest,
in allem, was du erlebst,
ob du dich für mich ereiferst oder mir gegenüber kalt
bist,
ob du treu zu mir stehst oder feige bist!

Dann werde ich dir die Gnade geben, mehr zu lieben,
als du dir träumen kannst![4]

GEBETE DER REUE

1. Mein Gott,
ich bereue alle Fehler meines Lebens zutiefst.
Ich bitte dich deshalb um Vergebung in meinem Vertrauen in dich,
der du größer bist als die Vorwürfe unseres Herzens.
Wasche mich, und ich bin weißer als Schnee!

2. Ich bekenne Gott, dem Allmächtigen,
und allen Brüdern und Schwestern,
daß ich Gutes unterlassen und Böses getan habe,
ich habe gesündigt in Gedanken, Worten und Werken

---

[4] Cahier sur l'oraison, n° 120, nov.-déc. 1971. Ed. du Feu Nouveau,
8 av. César-Claire, Paris.

durch meine Schuld,
durch meine Schuld,
durch meine große Schuld.
Darum bitte ich die selige Jungfrau Maria,
alle Engel und Heiligen
und euch, Brüder und Schwestern,
für mich zu beten bei Gott, unserem Herrn.[5]

3. Komm herab, o Heilger Geist,
der die finstre Nacht zerreißt,
strahle Licht in diese Welt:

Was befleckt ist,
wasche rein,
Dürrem gieße Leben ein,
heile du, wo Krankheit quält.
Wärme du, was kalt und hart,
löse, was in sich erstarrt,
lenke, was den Weg verfehlt.[6]

4. Mein Herr und mein Gott,
nimm alles von mir,
was mich hindert zu dir.
Mein Herr und mein Gott,
gib alles mir,
was mich fördert zu dir.

Mein Herr und mein Gott,
nimm mich mir
und gib mich ganz zu eigen dir.[7]

5. Befreie mich, Herr,
von allem Bösen, das ich erlebt
und das ich getan habe;
von dem Bösen, das ich nicht gewollt habe,
und von dem, das ich bewußt getan habe.

---

[5] MB 326; Gotteslob 353,4.
[6] Pfingstsequenz, Gotteslob 244, Auszüge.
[7] Heiliger Nikolaus von der Flüe, Gotteslob 5,1.

Befreie mich, Herr,
von dem Bösen, das ich nicht verziehen habe,
und von dem, das ich niemals vergessen habe;
von dem Bösen, das ich vergolten habe,
und dem, das ich in meinem Herzen bewahrt habe.[8]

6. Gütigster und barmherziger Gott,
aus Gnade schenkst du mir die Zeit,
dir mein Leben zurückzugeben.
Ich bekenne vor dir alle meine Fehler,
die ich begangen habe,
und bitte dich demütig um Vergebung!
Bei deinem Tod hast du die Sünden der ganzen Welt
getragen!
Nimm mich verlorenes Kind wieder auf.
Vergib mir und reinige mich von aller Schuld!

7. Herr,
mein ganzes Sein kniet sich jetzt nieder,
und die Sünde, die ich verkörpere,
erfleht Verzeihung![9]

Denk daran, Herr,
dein Name ist der Barmherzige!
Zärtlicher und großzügiger Gott,
freundlicher und willkürlicher Gott,
erschaffe mich neu, und mach mich dir ähnlich,
laß in mir die Züge deines Antlitzes wieder hervortreten!

8. Herr Jesus Christus,
ich bringe „den dunklen Teil meines Ich" vor dich.
Ich glaube, daß „deine ans Kreuz geschlagenen Hände
die Fesseln meiner Finsternis lösen".
Laß nicht zu,
daß mein Leben in Ewigkeit dein Licht nicht schaut.
Belade es wieder mit dem Gewicht der Liebe,
die es mitzieht zum Vater.[10]

---

8 P. Pelfrène: Prières pour toutes les circonstances.
9 Michel Quoist: Herr, da bin ich. Graz – Wien – Köln ²1956, S. 142.
10 Nach der französischen Ausgabe der Stundenliturgie (La Liturgie des Heures), Bd. 2, Hymne auf S. 811, Cerf, Paris.

9. „Herr,
verzeih mir diese bittere Traurigkeit,
in der ich geschwelgt habe.
Herr, verzeih mir,
daß ich andere verleumdet
und an mir selbst gezweifelt habe.
Herr, verzeih mir jenes verschlossene Gesicht
und jenes böse Lachen, das den Mund verzerrt,
und jenen Abscheu vor dem Leben und jene Mutlosigkeit
und jene Mattigkeit …

Damit deine heilige Freude mein Gesicht erleuchtet.
Damit in mir die Fröhlichkeit des heiligen Franziskus
singt
und das Lachen erklingt, das auch eine Tugend ist.
Verzeih mir, Herr,
daß ich verleumdet, gezweifelt, gejammert, geweint,
gegähnt,
den gewaltigen Jubel über das Leben gehaßt
und der Tochter des Satans in mir Raum gegeben
habe.
Möge ich in dir bleiben, o ewige Freude."[11]

10. „Herr, ich begreife mein Handeln nicht:
Ich tue nicht das, was ich will,
sondern das, was ich hasse.
Denn ich tue nicht das Gute, das ich will,
sondern das Böse, das ich nicht will.
Wenn ich aber das tue, was ich nicht will,
dann bin nicht mehr ich es, der so handelt,
sondern die in mir wohnende Sünde."[12]
Wasche all meine Fehler von mir ab,
und ich bin rein!

---

[11] Léon Chancerel: Le Pèlerin d'Assise. Ed. Franciscaines. Paris.
Mit der „Tochter des Satans" ist wohl die Traurigkeit gemeint,
der sich der Mensch in der Gottferne verzweifelt hingibt (Anm.
des Übers.).
[12] Röm 7,15,19-20.

11. Mein Gott, laß deine Gegenwart durch mich
durchscheinen!
(Maurice Zundel)

Mache mich klar wie einen Kristall,
damit dein Licht durch mich durchscheinen kann.
„Mein Herz sei wie klares Wasser,
in dem der Himmel sich spiegelt!"[13]

Herr Jesus, in der schrecklichen Stunde
sei dein Blut meine Rettung.

12. Aus der Tiefe rufe ich, Herr, zu dir:
Herr, höre meine Stimme!
Wende dein Ohr mir zu,
achte auf mein lautes Flehen!

Würdest du, Herr, unsere Sünden beachten,
Herr, wer könnte bestehen?
Doch bei dir ist Vergebung,
damit man in Ehrfurcht dir dient.
(Ps 130,1-4)

13. Befreie mich, Herr,
von allem, was mich belastet.
Hilf mir, Herr,
frei und von allem losgelöst zu werden,
damit ich leicht und durchsichtig
in die Freude deines Königreichs eintrete!

14. Mein Gott,
zwischen dich und mich,
zwischen deine Heiligkeit und mein Elend,
zwischen deine Vollkommenheit und meine Sünden
stelle ich das Kreuz, das Leiden und die Verdienste
deines vielgeliebten Sohnes,
der sein Blut für mich vergossen hat!

15. Jesus, Sohn des lebendigen Gottes,
habe Mitleid mit mir armem Sünder!

---

13 Nach der Zeitschrift „Prier", n° 37.

„Gott sei mir gnädig nach deiner Huld,
tilge meine Frevel nach deinem reichen Erbarmen!"
Um deiner Liebe willen vergiß mich nicht!
(Ps 51,3)

16. Mein Herr und mein Gott,
ich vergebe all denen, die mich verletzt haben;
ich bitte all die um Vergebung, die ich verletzt habe,
denen ich nicht meine Freundschaft,
mein Mitgefühl und das Beste von mir selbst
entgegengebracht habe!

17. Wasche mich,
dann werde ich weißer als Schnee.
Erschaffe mir, Gott, ein reines Herz,
und gib mir einen neuen, beständigen Geist!
Verwirf mich nicht von deinem Angesicht,
und nimm deinen Heiligen Geist nicht von mir!
Mach mich wieder froh mit deinem Heil;
mit einem willigen Geist rüste mich aus!
(Ps 51,9b,12-14)

4. Bittgebete

1. Mein Herr und mein Gott,
ich stehe vor dir
und „gebe dir meine Seele zu lesen"!
Neige dich mir zu,
und sieh meine Angst und meine Verwirrung.
Komm mir zu Hilfe!
Eile herbei, um mich zu retten!
Ich sehne mich danach, dich sagen zu hören:
„Ich bin da, fürchte dich nicht!"

2. Herr, du weißt:
Ich erlebe eine unerträgliche Zeit!
Die Schmerzen nehmen mir fast alles weg –
außer dem Bewußtsein, krank zu sein!
In meinem Körper, in meinem Geist und in meinem
Herzen
gibt es nichts mehr außer Schmerzen!
Komm mir zu Hilfe
mit der ganzen Kraft deiner Gegenwart
und mit der ganzen Macht deiner Gnade!
Zu wem soll ich gehen, wenn nicht zu dir,
der du der Hüter und der Halt meines Lebens bist?

3. Herr,
die Krankheit ist meine Begleiterin in all meinen
Stunden, all meinen Tagen und all meinen Nächten
geworden!
Wie die Kranken in der Bibel wende ich mich voll
Vertrauen an dich,
um dich um deine Gegenwart, deine Hilfe
und – schließlich – um meine Heilung anzuflehen.
Wie der römische Hauptmann,
dessen Glauben du bewundert hast,
als er dich um die Heilung seines Sklaven bat,
sage ich zu dir: „Herr, sprich nur ein Wort, und ich
bin geheilt!"

4. Erbarme dich meiner, mein Gott,
an dem Tag, vor dem ich Angst habe;
auf dich vertraue ich,
bei dir suche ich Zuflucht,
Zuflucht im Schatten deiner Flügel,
solange mein Unglück währt!
Möge mein vertrauensvolles Gebet gehört und erhört
werden!
Möge es nicht fruchtlos, wirkungslos
und ohne Antwort zu mir zurückkehren!

5. Meine Seele ist zu Tode betrübt!
Vater, wenn du willst, nimm diesen Kelch von mir!
Aber nicht mein, sondern dein Wille soll geschehen.
(Mt 26,38; Lk 22,42)

„Mein Gott,
gib mir das, was du für mich willst.
Mein Gott,
wenn du mir das gibst, was ich will,
laß es zum Ursprung dessen werden, was du willst.
Mein Gott,
wenn du mir nicht gibst, was ich will,
laß mich dadurch offen werden für was, was du
willst!"
(Islamisches Gebet)

6. Mein Gott,
hör den Schrei meiner Klage!
Schütze mein Leben
und das derer, die ich liebe!
„Behüte mich wie den Augapfel,
den Stern des Auges,
birg mich im Schatten deiner Flügel"!
(Ps 17,8)

Herr, hilf mir,
wenn ich schon nicht verstehe, was mir geschieht,
meine Last wenigstens mit aufrechter und edler Seele
zu tragen!

7. Herr Jesus,
als du auf Erden lebtest,
hast du mit lautem Schreien und unter Tränen
Gebete und Bitten vor deinen Vater gebracht![14]

Warum soll ich in der Stunde,
in der mein Leiden mich quält,
nicht zu meinem Gott rufen.
Nimm in deiner Gnade mein Leiden als das deine an,
und bringe es vor deinen Vater,
du, unser Fürsprecher bei ihm!

---

[14] Nach Hebr 5,7.

5. Geistliche Gemeinschaft

Gebet bei einem Kranken, dessen Zustand es ihm nicht gestattet, am eucharistischen Mahl teilzunehmen:

Herr Jesus Christus,
mein gegenwärtiger Zustand gestattet es mir nicht,
an deinem Leib und deinem Blut teilzuhaben!

Es ist mir heute nur gegeben,
dich geistig zu empfangen.

Der eucharistischen Zeichen deiner Gegenwart
beraubt,
ist es mir jedoch möglich, mich in meinem Innersten,
wo du wohnst und mich erwartest,
mit dir zu vereinen.

Ich glaube nämlich,
daß du in meinem Inneren bist
wie eine Quelle lebendigen Wassers,
die meinen Glauben nährt,
meine Hoffnung stärkt,
meine Kraft zu lieben mehrt und dazu führt,
daß ich mein ganzes Leben vollkommen und freudig
hingebe
zu deinem Ruhm und zum Heil meiner Brüder und
Schwestern.

Mit dieser nie versiegenden Quelle will ich mich
in diesem Moment mit meiner ganzen Seele vereinen!

4.

Gebete
in Zeiten
der Krankheit

Mein Leiden – das ist das Leiden Gottes selbst

Ein Gleichnis

Eines Tages kam ein Mann ins Paradies und fragte Gott, ob er sich sein ganzes Leben im Rückblick wieder anschauen könne, die Freuden ebenso wie die schwierigen Zeiten … Und Gott gewährte es ihm.

Er ließ ihn sein ganzes Leben sehen, so, als ob es in seiner ganzen Länge auf einem Sandstrand ausgebreitet wäre und der Mann diesen Strand entlangspazieren würde.

Er sah, daß auf dem ganzen Weg vier Fußabdrücke im Sand waren: seine eigenen und diejenigen Gottes.

Aber in den schwierigen Zeiten waren es nur zwei!

Sehr überrascht und bekümmert sagte der Mann zu Gott: „Ich sehe, daß du mich gerade in den schwierigen Zeiten allein gelassen hast!"

„Aber nein!" antwortete ihm Gott. „In den schwierigen Zeiten waren nur die Spuren meiner eigenen Schritte im Sand, weil … ich dich dann getragen habe!"[1]

Gebete

1. In dem gekreuzigten Jesus bist du, Herr,
der Gott,
der mit jedem Menschen etwas gemeinsam hat,
der die Verzweiflung des Menschen zu seiner eigenen macht,
der unter unseren Qualen leidet,
der aus unseren Wunden blutet,
der mit unseren Tränen weint,
der unseren Schweiß schwitzt,
der in jedem leidenden Menschen leidet,
der mit jedem Menschen, der in den letzten Zügen liegt,
selbst im Todeskampf liegt,
der mit jedem sterbenden Menschen stirbt!

---

[1] Nach Adémar de Barros, Brasilien.

2. Herr Jesus Christus,
du bist nicht gekommen,
um „das Leiden der Menschen abzuschaffen,
sondern um es mit deiner Gegenwart zu erfüllen".[2]

Dein Leiden, dein Todeskampf und dein Tod am
Kreuz offenbaren mir,
was niemand hätte ahnen können:
daß es auch für dich Leiden, Verzweiflung, Einsamkeit, Todeskampf und Tod gibt: wie für alle Menschen, mit denen du dich verbündet hast.
Herr, laß nicht zu, daß ich jemals aus den Augen verliere, daß es im Geheimnis der Krankheit und allen
Übels, das uns trifft, immer einen Gott gibt, der mit
Jesus Christus gekreuzigt worden ist.
Ebenso glaube ich, daß du vor mir, mehr als ich, mit
mir, in mir und für mich mein Leiden erduldest.
Ich glaube, daß du leise in meinem Schmerz da bist,
daß du mit mir das Kreuz trägst, das mich bedrückt,
und daß du mit mir den Weg meines Kalvarienberges
hinaufgehst.

Segensgebet

Das Kreuz Jesu Christi – Torheit Gottes in den Augen der Welt –
werde von euch als Zeichen der größten Liebe erkannt und angenommen!

**Du, Herr, bist die Antwort auf alles,
was ich erlebe!**

1. Du, Herr,
bist die Antwort auf alles, was ich erlebe:

In der Nacht, die ich durchwandere,
bist du mein Licht!

---

[2] Paul Claudel: Der Kreuzweg. Übertragen v. Klara Maria Faßbinder. Paderborn ¹²1957.

In den Zweifeln, die mich überfallen,
bist du meine Sicherheit!

In den Fragen, die mich quälen,
bist du die richtige Antwort!

In der Einsamkeit, die mich bedrückt,
bist du da!

In der Wüste, die mich umgibt,
bist du die Fülle!

In der Angst, die mich umfängt,
bist du mein Friede!

In dem Durcheinander, das mich in die Irre führt,
bist du meine Ruhe!

In dem Leiden, das mich trifft,
bist du mein Halt!

In der Schwäche, die mich befällt,
bist du meine Stärke!

In den Tränen, die ich vergieße,
bist du mein Trost!

In der Traurigkeit, die mich niederdrückt,
bist du meine Freude!

In der Armut, in der ich mich befinde,
bist du mein Reichtum!

Segensgebet

Der Friede Gottes, der alles Begreifen übersteigt,
bewahre eure Herzen und eure Gedanken
in der Gemeinschaft mit Christus Jesus![3]

2. Wenn ich in Dunkel gehüllt bin,
bist du, Herr, mein Licht!

---

[3] Segensformular des deutschen Meßbuchs, Bd. II, S. 548, nach
Phil 4,7.

Wenn ich mich verirre,
bist du, Herr, mein Weg!

Wenn ich unsicher bin,
bist du, Herr, meine Sicherheit!

Wenn ich von meinen Sünden erdrückt werde,
bist du, Herr, meine Heilung!

Wenn ich im Fieber verbrenne,
bist du, Herr, die erfrischende Quelle!

Wenn ich Todesangst habe,
bist du, Herr, die Wiederauferstehung und das Leben!

Wenn ich mich danach sehne, mich mit dir zu vereinen,
bist du, Herr, mein Weg![4]

Segensgebet

Das Kreuz Christi,
die Antwort Gottes auf das Leiden der Menschen,
sei euer Licht und euere Kraft!

Auch wenn …

Auch wenn ich deinen Lichtschein noch nicht sehe,
bist du, Herr, doch schon mein Licht!

Auch wenn ich dich noch nicht begreifen kann,
bist du, Herr, doch schon meine Stärke!

Auch wenn Verwirrung und Angst mich umfangen,
bist du, Herr, doch schon mein Friede!

Auch wenn Traurigkeit mich umhüllt,
bist du, Herr, doch schon meine Freude!

Auch wenn es mir Mühe macht, mich auf dich zu
verlassen,
bist du Herr, doch schon meine Zuversicht!

---

[4] Nach dem hl. Ambrosius.

Auch wenn es mir schwerfällt,
anzunehmen, was mit mir geschieht,
bist du, Herr, doch schon die vollkommene Opfergabe in mir!

Auch wenn sich mein ganzes Wesen dagegen wehrt,
das Kreuz zu tragen,
bist du, Herr, doch schon die Zustimmung in mir![5]

Betet darum,
nichts mit Bitterkeit ertragen zu müssen

Herr, mein Gott, gib mir die Gnade,
die Kraft und den Großmut,
niemals etwas mit Bitterkeit ertragen zu müssen:
weder das Leben noch mich selbst,
weder das, was mit mir geschieht, noch die Krankheit,
weder Gebrechen noch Leiden,
selbst den Tod nicht, wenn er kommt,
sondern hilf mir, daraus wie Jesus
einen Akt des Lebens zu machen,
einen Akt der Freiheit, der Hingabe und der Liebe.

Segensgebet

Gott, der euch kennt und liebt, gebe euch die Gnade,
die Tage der Prüfung und des Leidens im Geist Jesu
Christi zu leben!

In deinen Augen, Herr,
bin ich von unersetzlichem Wert

Herr, mein Gott,
ich glaube, daß in deinen Augen
jedes menschliche Leben einen unersetzlichen Wert
hat!

Ebenso weiß ich,
daß mein jetziges Leben,

---

[5] Nach dem hl. Ambrosius.

auch wenn es beeinträchtigt, begrenzt
und durch die Krankheit (oder durch Gebrechen) an-
gegriffen ist,
für dich von sehr großem Wert bleibt,
da dein Sohn es – am Kreuz – mit dem Gewicht
seines eigenen göttlichen Lebens aufgewogen hat!

Voller Staunen und Gnade glaube ich, mein Gott,
an die blutige Gleichung des Kalvarienberges, auf dem,
durch die vollkommene Hingabe deines Sohnes,
jeder Mensch Gott gleich geworden ist!

Meine Nutzlosigkeit, Herr, ist nur scheinbar

Hilf mir, Herr Jesus Christus,
den jetzigen Zustand meines Lebens
mit seinen Ängsten, seinen Schwierigkeiten
und seinen Qualen anzunehmen.

Zeige mir,
daß meine Nutzlosigkeit nur scheinbar ist.
Hilf mir,
dir mein Leben und mein leidendes Ich
in einem Akt der Freiheit und voller Liebe zu schenken.

Heilige mein Dasein und mein menschliches Leiden,
und hilf mir, mich immer mehr völlig und endgültig
dir und deinem Königreich zuzuwenden!

Segensgebet

Der Gott der Liebe wohne in euren Herzen,
stärke eure Treue zu seinem Namen
und helfe euch, Früchte zu bringen,
die ihm gefallen!

In dir, Herr, ist immer – in jeder Prüfung – unendliche Hoffnung

Herr Jesus Christus,
das Kreuz, das du am Karfreitag getragen hast,
ist heute mein Kreuz geworden,
ein Kreuz, das schwer auf meinen Schultern liegt!
Mein jetziges Leben ist ein Kreuzweg geworden,
der jeden Tag schwerer wird.

Gib mir die Kraft,
den Mut und den Großmut,
nicht den Boden unter den Füßen zu verlieren,
nicht aufzugeben,
in meiner Prüfung nicht umzufallen,
sondern auszuhalten,
weil du da bist, in meinem Innersten,
wie eine unendliche Gegenwart,
die mein Leben erleuchten kann;
weil du mit mir das Kreuz trägst,
das mich bedrückt;
weil du in mir dein Leiden fortführst,
das die Welt rettet;
weil du jedem angenommenen und dargebrachten Leiden
einen Sinn gegeben hast
und weil in dir immer, in jeder Prüfung,
unendliche Hoffnung ist!

Gebet um die Wandlung meines Widerstands in Zustimmung

Herr Jesus Christus,
das Leiden, das ich erdulde und das mich überwältigt,
bringt mich manchmal gegen dich auf!
Trage es mir nicht nach,
du, der du am Kreuz, von Schmerzen gequält,
deine Einsamkeit, deine Angst und deine Verzweiflung herausgeschrien hast:
„Vater, warum hast du mich verlassen?"

Deine Liebe zum Vater und zu uns war es,
die am Ende stärker war und deine Verzweiflung besiegt hat.

Laß mich mit dem Propheten entdecken,
daß es unsere Leiden waren, die du getragen hast,
und unsere Schmerzen, die dich gequält haben,
damit daraus eine vollkommene Opfergabe
zum Lob des Vaters wurde.

Deine Gnade gebe mir heute,
daß mein Widerstand in Zustimmung gewandelt
werde!

Gemeinsam und in gleicher Gestalt mit dem gekreuzigten Christus leiden

Herr Jesus Christus,
während deines Lebens auf der Erde
hast du die Erfahrung menschlichen Leidens gemacht.

Habe Mitleid mit verwundeten Herzen
und schmerzenden Körpern.

Sei du selbst unser Friede und unser Trost.

Laß uns den verborgenen Schatz
des dargebrachten Leidens entdecken.

Der Gedanke daran, was du für uns erduldet hast,
verkläre unser Leid,
führe dazu, daß wir es leichter ertragen können
und daß es zum Heil der Welt diene.

Die ganze Welt einbeziehend, bringen wir dir
die gegenwärtigen Leiden der ganzen Menschheit dar.
Vereine sie in deiner Güte mit deinem Leiden,
und wandle sie in die Gnade der Liebe
und der Erlösung für alle Menschen.[6]

---

[6] Gaston Courtois: Tout au long du jour. Paris, Verlag Fleurus, 1956.

Daß meine Leiden meine Kraft nicht übersteigen mögen

Herr und Gott, ich flehe dich an:
Laß nicht zu,
daß ich über meine Kraft geprüft werde!

Gib mir die Gnade,
meine Prüfung mit Mut und Vertrauen zu bestehen,
ohne jemals an deiner Gegenwart und deiner Hilfe zu
zweifeln.

Und wenn ich dich nicht um das bitten kann,
was dir gefällt,
gebe dein Geist es mir ein.[7]

Segensgebet

Jesus Christus, der bis zum Tod,
bis zum Tod am Kreuz, gehorsam war,
erfülle euch mit dem Reichtum seines Lebens,
das zu eurem Heil dahingegeben wurde.

Herr, laß nicht zu, daß das Leiden mich zerstört

Herr,
gestern noch „war die Gesundheit der Friede des
Körpers,
seine Ruhe"!

Aber heute,
welche Schreie in meinem leidenden Körper!
Welche Verwirrung in meinem Herzen,
welches Chaos, welche Angst!
Wie schwer ist dieses Leben,
das kaum so weitergehen kann!

Zerstört ist das Band zwischen der Welt und mir,
die aus meinem Leben eine fruchtbare und sprudelnde Quelle gemacht hat!

---

[7] Nach dem Buch „Auprès des malades" (Bei den Kranken),
Librairie de l'Ale. Lausanne.

96

O wie bitter ist jenes Zerwürfnis,
das sie austrocknet.

O du, der du mein Leben in deinen Händen hältst,
laß nicht zu, daß dieses Leiden mich zerstört,
bevor alles vollendet ist!

Du, dessen Stille voll Schöpferkraft ist,
laß nicht zu, daß mein Geist erlischt!
Beruhige meine Angst durch deine leuchtende
Gegenwart![8]

Segensgebet ·

Das Leiden Christi bleibe vor euren Augen
als das Zeichen der allergrößten Liebe
und stärke euch in Zeiten der Prüfung!

Bei dir, Herr, fühle ich mich geborgen

Bevor ich dich rufe,
mein Herr und Gott,
bist du schon da, in meinem Inneren;
ich weiß, daß du in meinem Innersten bist
wie eine unendliche Gegenwart!

Bei dir fühle ich mich geborgen,
wie ein Kind, das seine Wange an seine Mutter
drückt!

Du bist da,
und ich fühle eine unendliche Ruhe!

Du bist da,
und das ist Ruhe und Erholung für meine Seele!

Du bist da,
und ich bin im Schatten deiner Flügel!

---

[8] Nach Maurice Zundel: Complainte du malade. Diese Anrufung
hat das letzte Werk von Frank Martin inspiriert: Et la vie l'em-
porta, verfaßt im Jahre 1975 in Nyon anläßlich des 75. Jubiläums
der Zyma S. A.

Du schaust mich an,
und es ist, als ob eine starke Sonne auf mir ruht,
die mich erleuchtet und wärmt!

Mein Gott,
laß mich in der Prüfung, die ich durchmache,
weiterhin die Süße deiner Gegenwart
und deiner Freundschaft genießen!

Segensgebet

Die Freude des auferstandenen Christus
wohne in euren Herzen und erhelle eure Tage!

5.

Gebete
im Angesicht des Todes

1. Herr, mich dürstet nach dir

Herr,
die Worte meines Mundes mögen dir gefallen!
Was ich im Herzen erwäge, stehe dir vor Augen!

Wie der Hirsch lechzt nach frischem Wasser,
so lechzt meine Seele, Gott, nach dir.
Meine Seele dürstet nach Gott, nach dem lebendigen
Gott!
Wann darf ich kommen und Gottes Antlitz schauen?
(Ps 19,15; 42,2-3)

Ja, Herr, ich dürste:
„Ich dürste danach,
daß dein Licht meinen Weg erhellt;

ich dürste nach dem endgültigen Frieden,
den nur du geben kannst;

ich dürste danach,
dein Antlitz voller Milde und Zärtlichkeit zu sehen;

ich dürste nach Befreiung und Vollendung,
nach Leben und Unsterblichkeit!"
(Nach Elisabeth Leseur)

2. Herr, mich dürstet nach dir

„Gott, du mein Gott,
dich suche ich,
meine Seele dürstet nach dir.
Nach dir schmachtet mein Leib
wie dürres, lechzendes Land ohne Wasser.

Nur eines erbitte ich vom Herrn,
danach verlangt mich:
im Haus des Herrn zu wohnen
alle Tage meines Lebens,
die Freundlichkeit des Herrn zu schauen
und nachzusinnen in seinem Tempel.

Mein Herz und mein Leib jauchzen ihm zu,
ihm, dem lebendigen Gott.

Dich, Herr, habe ich gesucht,
dich habe ich gefunden,
gib mir den endgültigen Frieden
und die ewige Seligkeit.
(Ps 63,2; 27,4; 84,3b)

Segensgebet

Der dreifaltige Gott,
der Vater, der Sohn und der Heilige Geist,
erfülle euch mit seinem Reichtum,
seinem Licht und seiner Gnade!

3. Herr, mich dürstet nach dir

Mein Herr und mein Gott,
dich bete ich an,
auch wenn ich dich jetzt noch nicht schaue;
zeige mir, wonach ich mich sehne:
den Glanz deines Angesichtes
und die Freude, deine Herrlichkeit zu schauen!

Ich stehe vor dir wie dürres Land ohne Wasser
und warte auf unsere Begegnung in der Ewigkeit.
Seit dem Morgenrot harrt mein Geist auf dich;
„meine Seele sehnt sich nach dir in der Nacht".
(Jes 26,9a)

Mein Durst nach dir ist so groß
wie mein inneres Brennen!

Durch meinen Durst nach dir
verliere ich mich selbst und werde von dir,
dem höchsten Gut, erfüllt
und werde dir ähnlich!

Komm zu mir, mein Gott,
mit der ganzen Zärtlichkeit deines Herzens!
(Heiliger Basilius)

Schüre meine Freude darauf,
in deiner Gegenwart leben zu dürfen
nach der Nacht meines kommenden Todes!

Stärke meine Hoffnung,
du, mein Erbteil!

Du hast mich auf dich hin geschaffen, Herr

Du hast mich auf dich hin geschaffen, Herr,
und unruhig ist mein Herz,
bis es Ruhe findet in dir![1]

Herr,
du hast mich geschaffen für eine unendliche Freude;
du hast mir den Blick auf ein anderes Licht hin geschenkt;
du hast mir ein Herz gegeben,
das nur du, der Unendliche, erfüllen kannst;
du hast mich zum Erben und, mit Christus,
zum Miterben der ewigen Güter gemacht!

Laß mich schon heute an jener Freude,
jenem Licht und dem versprochenen Erbe teilhaben!
Zähle mich zur Schar der Seligen!

Bleibe bei mir, Herr

Mein Herr und mein Gott,
in der Prüfung, die mir bevorsteht,
in der Nacht, die ich durchwandern muß,
wende ich mich dir zu,
der du meine Zuflucht, meine Hoffnung
und mein Heil bist!

Trotz der Pflege, mit der man mich überhäuft,
und der Zärtlichkeit, mit der man mich umgibt,
ist meine Seele traurig und unruhig,
ich fühle mich allein und hilflos!

Laß mein Rufen zu dir kommen!
In deiner Gnade öffne meiner Klage dein Ohr,
und laß mich deine Gegenwart spüren!

---

[1] Augustinus: Die Bekenntnisse. Übertragen, eingeleitet und mit Anmerkungen versehen v. H. U. v. Balthasar (Christliche Meister 25). Einsiedeln 1985, I, 1, S. 31. Vgl. auch Gotteslob 3,4.

„Bleibe bei mir, mein Gott,
denn es ist schon spät!

Bleibe bei mir,
wenn es zu Ende geht!

Bleibe bei mir,
denn mein Leiden ist hart!

Bleibe bei mir,
denn ohne dich ist es Nacht in meinem Herzen!"

Bleibe bei mir,
stärke mich für den letzten Kampf!

Herr, du bist mein Fels,
meine Zuflucht, mein Schutz!
Birg mich im Schatten deiner Flügel,
berge mich unter deinem Gewand aus Licht!

Segensgebet

Jesus Christus und seine Mutter
seien in euch gegenwärtig
und mögen euch mit innerer Ruhe
und innerem Frieden erfüllen!

Herr, befreie mich von mir selbst

Zu dir, der du hoch im Himmel thronst,
erhebe ich meine Augen.
Wie die Augen der Knechte auf die Hand ihres Herrn,
wie die Augen der Magd auf die Hand ihrer Herrin,
so erwarten meine zu dir erhobenen Augen
deine Hilfe und dein Mitleid!
(Nach Ps 123,1-2)

Herr, durchdringe mich bis zur Wurzel meines Seins!
Befreie mich von mir selbst,
damit ich eine reine Opfergabe des Lichtes
und der Liebe werde.
Hilf mir, mich selbst aus den Augen zu verlieren,
damit ich nur nach dir strebe,

103

nur nach jener Schönheit schaue,
die du selbst bist
und die bald auch die meine sein wird!

Herr, setze mich schon jetzt
jener unendlichen Schönheit gleich;
bekleide mich schon jetzt mit deiner Heiligkeit,
durchdringe mich mit deiner Gegenwart,
schenke mir deine Fülle!

Segensgebet

Gott, der euch auf sich hin geschaffen hat,
stärke den Eifer eures Herzens
und stille für immer euren Durst
nach dem Vollkommenen!

Herr, gib mir das einzig Notwendige!

Wenn für mich die Stunde gekommen ist,
mich mit dir zu vereinen,
ziehe mich in das unendliche Meer deiner Liebe!

In dieser Stunde
gib mir das einzig Notwendige:
Laß meine Seele offen- und bereit bleiben zur Hingabe,
opferbereit und arm,
hoffnungsvoll und durstig,
voller Liebe und Vertrauen,
damit nichts in meinem Inneren
dem unsagbaren Geschenk im Wege steht,
das du mir machen willst!

Mach meine Seele tief und hohl,
damit sie aufnahmebereit sei!

Mach meine Seele tief und hohl,
damit du sie besser anfüllen kannst mit dir selbst!

Hilf mir, mich von dir ergreifen zu lassen!

Segensgebet

Gott, das vollkommene Glück,
der selbst in euren Herzen
den Durst nach dem Unendlichen gesät hat,
gewähre euch die Fülle seiner Gnade!

Jesus, Maria, Josef

Jesus, Maria und Josef,
ich schenke euch mein Herz,
meinen Geist und mein Leben!

Jesus, Maria und Josef,
steht mir in meinem Todeskampf bei!

Jesus, Maria und Josef,
laßt mich in eurer heiligen Gemeinschaft sterben!

Es genügt mir, Herr, zu wissen, daß du mich liebst

Mein Herr und mein Gott,
was mich stark,
ganz stark
und allein stark macht,
ist die Sicherheit, daß ich mich mit dir vereinen,
von dir empfangen
und auf ewig bei dir Ruhe finden werde.

Denn du bist mein Vater,
es kann nicht sein, daß du mich enttäuschst!
Auch komme ich mit unendlichem Vertrauen zu dir
und sage zu dir:

„Vater, ich kann mich auf nichts anderes berufen
als darauf, daß ich an deine Güte geglaubt habe!
Wenn ich würdig sein müßte,
das ewige Glück zu erhalten,
müßte ich darauf verzichten!
Mögen die Meister des geistlichen Lebens sagen,
was sie wollen,
und von Gerechtigkeit, Forderungen und Furcht
reden;

mein einziger Richter ist der,
der jeden Tag ein Stück des Weges gegangen ist
und zum Horizont geschaut hat,
ob das verlorene Kind zu ihm zurückkehrt!

Ich beziehe die Worte des Jakobus,
des Jüngers Jesu, auf mich selbst:
‚Wer sich fürchtet, ist noch nicht vollkommen in der Liebe‘
und bekenne dir, mein Gott,
daß ich mich nicht fürchte,
nicht so sehr weil ich dich liebe,
sondern weil ich weiß, daß du mich liebst!
Es genügt mir, zu glauben,
daß du mich liebst und ich werde geliebt!"[2]

Segensgebet
Der Gott der Hoffnung erfülle euch mit seiner Freude
und seinem Frieden!

Bereite mein Herz für die Begegnung mit Gott

Vor dir stehe ich, Herr, voll Vertrauen,
wie ein Kind vor seinem Vater,
wie ein Freund vor seinem Freund,
denn tatsächlich bist du mein Vater und mein Freund!

„Die Worte meines Mundes mögen dir gefallen;
was ich im Herzen erwäge, stehe dir vor Augen."
(Ps 19,15)

Laß mein Rufen zu dir kommen, Herr,
mein ein und alles und meine Vollendung!

Herr,
bereite mein Herz für die Begegnung mit dir!
Alle meine Fehler und Sünden,
ich bekenne sie in der Gewißheit,
daß du größer bist als alle Vorwürfe meines Herzens!
(Nach 1 Joh 3,20)

---

[2] Nach A. Valensin: La joie dans la foi. Paris, Verlag Aubier, S. 106.

Herr,
denke an deine Freundschaft und Zärtlichkeit,
die du mir von jeher gezeigt hast.
Trag mir meine Fehler und Sünden,
meine dunklen Seiten, meine Unzulänglichkeiten
und meine Trägheit nicht nach!

Jesus, mein Retter,
denk an den Schächer,
der an deiner Seite gekreuzigt wurde
und den du sogleich zu einem Auserwählten
für dein Königreich gemacht hast!
Mach auch aus mir reuigem Sünder
einen Erwählten für dein Haus!

Du, der du alles weißt,
du kennst das Innerste meines Herzens,
du weißt auch, daß ich dich liebe!

Bekleide die Nacktheit meiner Seele,
bekleide mich mit deiner Gnade und Schönheit,
bekleide mich mit dem Gewand des Heils,
bekleide mich mit meinem Gewand für die Ewigkeit!

Segensgebet

Gott, dessen Freude, Ehre und Ruhm
darin besteht zu verzeihen,
reinige euch von euren Sünden,
und lösche sie für immer aus.

Vom ewigen Leben weiß ich nicht viel, nur …

Vom ewigen Leben, das du für mich vorgesehen hast,
weiß ich nicht viel, Herr,
nur daß mein Herz nicht mehr verletzt werden kann
und daß ich in meinem Leib nicht mehr leiden werde!

Vom ewigen Leben, das ich bald haben werde,
weiß ich nicht viel,
nur daß ich keine Schwächen und Sünden,
keine Schande und keine Angst mehr haben werde!

Vom Leben jenseits des Vorhangs
weiß ich nicht viel, mein Gott,
nur daß du alle Tränen aus unseren Augen abwischen
wirst,
daß es keinen Tod mehr geben wird,
keine Tränen, keine Schreie,
denn die alte Erde wird vergehen!

Von meinem Leben in der Ewigkeit
weiß ich nicht viel, Herr,
nur das, was du mir durch den heiligen Paulus sagst:
was „kein Auge gesehen und kein Ohr gehört hat,
was keinem Menschen in den Sinn gekommen ist:
das Große, das Gott denen bereitet hat, die ihn
lieben".

Vom ewigen Leben, das du für mich bereitet hast,
weiß ich nicht viel,
nur daß du für immer bei mir sein wirst,
daß ich für immer dein Angesicht schauen werde,
daß du auf ewig mein Lohn, meine Vollendung
und meine Freude sein wirst:
eine Freude, die nichts und niemand mir jemals nehmen kann![3]

Segensgebet

Die Auferstehung Jesu Christi,
die unsere Auferstehung ankündigt und möglich
macht,
stärke in euch die Hoffnung auf die vollkommene
Freude!

Herr, verlaß mich nicht

Herr, komm mir zu Hilfe,
eile, mir zu helfen,
denn ich bin allein und unglücklich.

---

[3] Nach Stan Rougier: Comme une flûte de roseau. Paris, Verlag Le
Centurion, S. 219.

„Mein Gott, verlaß mich nicht,
zieh deine Hand nicht zurück!
Laß mich auch dies vor dich bringen,
diesen ganzen Teil meiner Seele,
der so groß und so schwer ist,
und versuche, ihn so in Ordnung zu bringen,
daß er dir wohlgefällt.
Es fällt mir schon schwer,
meine Seele so, wie sie ist, dir zuzuwenden
und dir zum Opfer darzubringen.
Stell du in ihr Ordnung und Gerechtigkeit her."[4]

Nichts verwirre mich

Jesus,
nichts verwirre mich,
nichts halte mich auf meinem Weg auf!

Du bist das einzige Ziel meines Lebens;
der Rest ist nichts!

Wenn ich dich liebe und auf dich zugehe,
bedeutet alles andere wenig!

Herr,
hilf mir, dir meine seelischen und körperlichen
Qualen
als rechtes Opfer darzubringen!

Die Erde bedeutet mir nichts,
die ganze Welt bedeutet mir nichts!

Du, Jesus, bist alles für mich,
du, dem ich ganz gehöre.[5]

---

[4] Jacques Rivière: A la trace de Dieu. Paris, Verlag Gallimard,
S. 225.
[5] Antoine Chevrier: L'esprit et les vertus du vénérable Antoine
Chevrier. Editions Vitte, 1926, S. 111.

Der Herr segne euch und behüte euch!
Er lasse sein Angesicht leuchten über euch!
(nach Num 6,24-25)

Der Tod ist für mich ein Gewinn

Ich glaube, Herr,
daß es am Ende des Weges keinen Weg gibt,
sondern das Ende einer Pilgerreise!

Ich glaube, Herr,
daß es am Ende des Aufstiegs keinen Aufstieg gibt,
sondern den Gipfel!

Ich glaube, Herr,
daß es am Ende der Nacht keine Nacht gibt,
sondern das Morgenrot!

Ich glaube, Herr,
daß es am Ende des Winters keinen Winter,
sondern den Frühling gibt!

Ich glaube, Herr,
daß es am Ende der Verzweiflung keine Verzweiflung,
sondern Hoffnung gibt!

Ich glaube, Herr,
daß es am Ende des Wartens kein Warten,
sondern die Begegnung gibt!

Ich glaube, Herr,
daß es am Ende des Todes keinen Tod,
sondern das Leben gibt![6]

---

[6] Joseph Folliet, zitiert in: Prières de toujours. Verlag Brépols,
S. 366: Am Ende des Weges, so auf seinem eigenen Toten-
bildchen.

Ich werde aussehen wie tot, aber ich werde es nicht sein

„Es wird aussehen, als wäre ich tot,
aber das wird nicht wahr sein!"[7]

Denn nach deinem Wort und deinem Versprechen
ist der Tod nicht das Ende,
sondern ein Anfang und eine Wiedergeburt;

keine Zerstörung,
sondern eine Verwandlung und eine Erfüllung;

kein Fall ins Leere,
sondern die Vollendung;

kein Verhängnis,
sondern ein Gewinn und ein Glück:
jenes, mich für die Ewigkeit mit dir zu vereinen!

Letzte Danksagung

Gepriesen seist du, Herr,
für die wunderbare Liebesgeschichte,
die ich hier unten mit dir erlebt habe
und die nun ihre Vollendung erfahren wird!

Gepriesen seist du, Herr,
für deine leuchtende Gegenwart
auf meinem ganzen Weg der Schmerzen!

Gepriesen seist du, Herr,
für deinen endgültigen Sieg über den Tod,
ein Sieg, an dem auch ich teilhaben werde!

Gepriesen seist du, Herr,
denn bald werde ich dich
von Angesicht zu Angesicht schauen,
und meine Augen werden sich nicht satt sehen können
an deinem Antlitz!

---

[7] Antoine de Saint-Exupéry: Der kleine Prinz. Düsseldorf, Karl
Rauch Verlag, 1998, S. 90.

Gepriesen seist du, Herr,
denn bald werde ich dir ähnlich sein!

Gepriesen seist du, Herr,
denn bald wird deine Heiligkeit auch die meine,
deine Schönheit auch die meine,
deine Fülle auch die meine sein!

Gepriesen seist du, Herr,
denn heute „werde ich nicht sterben,
sondern ins Leben eingehen"
(heilige Theresia vom Kinde Jesu),
„ich gehe nicht fort, sondern komme an und werde
erwartet"[8]!

Ja, Herr, es ist wirklich alles Gnade:
das Leben, das ich von dir empfangen habe,
ja sogar der Tod,
denn er ist der Übergang zum Vater!

Dir, Herr,
gilt mein Loblied und mein Freudenschrei:
Denn „solange ich lebe,
wird mein Leben ganz von dir erfüllt sein"![9]

Laß deinen Diener gehen

Nun läßt du, Herr,
deinen Knecht (deine Magd) in Frieden in dein Haus
gehen,
denn meine Augen haben dein Antlitz gesehen
und mein Herz hat das Heil gespürt,
das du für mich bereitet hast!
(Nach Lk 2,29-30)

Geleite mich zum anderen Ufer

O mildestes Licht,
geleite mich durch die Finsternis,

---

[8] Gaby Morlay auf ihrem Totenbett.
[9] Nach den Bekenntnissen des heiligen Augustinus.

die mich umgibt,
geleite mich immer weiter!
(Kardinal Newman)

Herr, geleite mich zum anderen Ufer![10]

Leite mich auf dem altbewährten Weg!
(Ps 139,24b)

Führe mich in das neue Land,
zum Licht ohne Nacht,
zur vollkommenen Freude!

Herr, führe mich zur Vollendung des Lebens,
zur unendlichen Seligkeit!

Sei mein Lenker

Herr Jesus Christus,
sei mein Weg, mein Lenker und mein Licht!

Erleuchte meinen Weg, lenke meine Schritte,
damit ich auf dich und das Leuchten deines Antlitzes
zugehe!

Nimm mir die Angst,
die auch du im Garten Gethsemani erlebt hast!

Beruhige mich mit deinem Lächeln,
und führe mich an deiner Hand!

Ich werde nicht allein sterben

„Gott geht mit dir
und entreißt dich der Finsternis."[11]

Herr, unser Gott,
in Jesus, deinem Sohn und unserem Retter,
bist du das Herz aller Dinge;

---

[10] Vgl. Rabindranath Tagore: Sadhana. Der Weg zur Vollendung. München 1921, S. 198-222: Die Verwirklichung des Unendlichen.
[11] Aus der französischen Ausgabe der Stundenliturgie, aus einem Hymnus für die Fastenzeit.

du nimmst alles an, was ich erleben muß:
meine Angst und meine Einsamkeit
und meinen baldigen Tod!

Du begleitest jeden Schritt,
den ich auf dich zugehe!

Heute bist du zugegen in meinem Warten.
Morgen wirst du bei meinem Übergang
vom Tod zum Leben dasein!

Du, Herr,
bist „der Gott, der den Menschen in seiner Hand hält;
ich, ich bin der Mensch,
der Gott in seiner Hand hält"![12]

Herr,
du bist ein Jenseits in mir selbst,
eine Vertrautheit, die tief in mir eingepflanzt ist,
eine Gegenwart, die mir vertrauter ist
als mein eigenes Innerstes!

Da ich nie allein bin,
da du immer bei mir bist,
glaube ich, Herr,
daß du auch in meiner letzten Prüfung bei mir bist.

Ich bin mir sicher:
Ich werde nicht allein sterben,
denn ich glaube, daß du die Schwelle
von diesem Leben mit mir überschreiten wirst
und daß du mit mir den Übergang in die Ewigkeit
erleben wirst!

Segensgebet

Jesus Christus,
die menschgewordene Liebe des Vaters,
erscheine euch freundlich und mild!

---

[12] Nach Patmore.

Meine Zeit ist gekommen

Für mich ist die Zeit gekommen, mein Gott,
mich mit dir zu vereinen,
mein letztes Osterfest zu erleben,
aus dieser Welt in die Ewigkeit einzugehen!

In diesem letzten Augenblick
will ich alle Kräfte meiner Seele sammeln,
um dir mit Christus, durch ihn und in ihm zu sagen:
Mein Gott, ich liebe dich;
ich liebe dich, weil du es bist,
weil du mein Vater bist
und ich dein Kind bin!

In deine Hände, Herr

Antiphon:

„Vater,
in deine Hände lege ich meinen Geist",
mein Herz und mein Leben!
(Lk 23,46)

Verse:

Du bist der Gott, der seinem Wort,
seinen Versprechen und seinem Bündnis treu ist!

Du bist der Gott der Liebe und des Erbarmens!

Du bist das Heil eines jeden Menschen,
der glaubt, hofft und liebt!

Du bist der Meister, der Unmögliches möglich macht!

Du bist die Antwort,
die mein Verlangen bei weitem übersteigt!

Du bist das Leben, das kein Ende hat!
Das Licht, das nie verlöscht!

Du bist die Tür zum Königreich
und der endgültige Friede!

In dir finde ich meine Zuflucht!
Erhöre mich und komm, mich zu befreien!

Meine Tage sind in deiner Hand,
rette mich!

Segensgebet

Der dreifaltige Gott,
der Vater, der Sohn und der Heilige Geist,
den ihr gesucht und gefunden habt
und dem ihr treu geblieben seid,
schenke euch die Gnade,
schon jetzt in eine ewige Gemeinschaft
mit ihm einzugehen!

Herr, laß mich leben

Herr,
du hast dich als der lebendige Gott
und die Fülle des Lebens geoffenbart!

Nach deinem Bild hast du uns geschaffen,
durch deinen Sohn hast du uns erlöst,
um „das Leben unseres Lebens" zu sein,
unser Grund zu leben und zu sterben!

Dein Ruhm, Herr,
ist nicht der gebeugte Mensch,
der nicht an sich selbst glaubt,
der sich verleugnet, sich irrt und aufgibt!

Dein Ruhm, Herr,
ist der aufrechte Mensch, der lebendige,
schöpferische Mensch,
die Quelle und der Ursprung!

Die Ehre deines Namens besteht darin,
uns an deinem eigenen Leben Anteil zu geben!

Herr,
laß mich leben, heute und morgen,
heute und in Ewigkeit!

Herr, laß mich aus Liebe zu deiner Liebe sterben

Herr, ich bitte dich:
Die glühende und sanfte Kraft deiner Liebe
nehme meine Seele an
und ziehe sie von allem weg,
was unter der Sonne ist:

damit ich aus Liebe zu deiner Liebe sterbe,
da du die Güte hattest,
aus Liebe zu meiner Liebe zu sterben![13]

Segensgebet

Jesus Christus, die Tür zum Königreich,
gebe euch Anteil am Erbe der Heiligen
in seinem Licht!

Hilf mir, Herr, dem unausweichlichen Ereignis zuzustimmen

So vieles in mir, Herr,
widersetzt sich meinem Schicksal
und lehnt sich gegen meinen baldigen Tod auf!

Was ich jetzt in meiner Angst und meiner Verzweiflung erlebe,
hast du vor mir, mehr als ich und für mich
in deiner Leidensgeschichte erlebt!

Herr, hilf mir, das, was auf mich zukommt,
voll und ganz als meine Prüfung anzunehmen
und mein Leben in deine Hände zu legen!

Deine allmächtige Gnade
lasse in mir die Zustimmung reifen,
die dazu führt, daß in mir mein Leben
eine vollkommene Opfergabe zum Lob des Vaters
wird.

---

[13] Franz von Assisi, das Gebet „Absorbeat": Ecrits spirituels de saint François d'Assise. Paris, Editions Franciscaines.

Herr, ich bitte dich:
„In meinem Herzen sei nichts,
was sich widersetzt und auflehnt;
in meiner Seele gebe es keine einzige Faser,
die nicht annimmt und zustimmt."[14]

Vater,
ich vertraue mich dir an wie ein Kind!
„Ich lege meinen Geist
in deine sanften und starken Hände,
in deine treuen und zuverlässigen Hände."[15]

„Ich übergebe dir
meine von den Qualen dieser Erde schwere Seele."

„Ich schenke sie dir, mein Gott,
mit der ganzen Liebe meines Herzens,
weil ich dich liebe und es ein Bedürfnis meiner Liebe
ist,
mich dir zu schenken,
mich in deine Hände zu legen,
bedingungslos und mit unendlichem Vertrauen,
denn du bist mein Vater!"[16]

Vater,
„in allem vertraue ich mich meinem Herrn an"
(heilige Jeanne d'Arc),
der bei dir für mich eintritt!

Herr Jesus Christus,
ich vertraue mich dir an
bei meinem Übergang zum Vater;
ich gebe mein Leben hin,
um es dir voller Vertrauen und als Opfer
zu schenken.

---

[14] Paul Claudel: Der Kreuzweg. Übertragen v. Klara Maria Faßbinder. Paderborn [12]1957.
[15] Kardinal Charles Journet: Les sept paroles du Christ. Paris, Verlag Le Seuil.
[16] Nach Charles de Foucauld: Nouveaux écrits spirituels. Plon-
Verlag 1950, S. 140.

„Hier bin ich, Herr,
ohne Zögern, ohne Gegenleistung,
aus Liebe zum Willen meines Gottes!"
(Michel Garicoïts, ein Heiliger aus dem Baskenland)

Ich komme zu dir

„Herr,
dich will ich, dich allein!
Mein Herz möge es ohne Ende wiederholen! ...
Wie die Nacht in ihrem Schatten die Forderung des
Lichtes versteckt hält,
so hallt im Innersten meines Unterbewußtseins
der Schrei wider:
Dich will ich, dich allein!"[17]

Mein Gott,
„ich komme zu dir, den ich liebe,
zu dir, den ich mit Leidenschaft gesucht habe,
zu dir, den ich immer gewählt habe!
Mit dir will ich in Ewigkeit vereint sein."[18]

Ich komme zu dir
wie ein Kind in die Arme seines Vaters,
wie eine Blume, die sich der Sonne entgegenstreckt,
wie ein dürstender Hirsch zur Quelle!

Ich komme zu dir,
voll Vertrauen, denn du bist
„die Freude eines unaussprechlichen Versprechens"!
(Maurice Zundel)

Herr Jesus Christus, öffne mir das Tor

Herr Jesus Christus,
du bist der Gute Hirt und das Tor für die Schafe!
Ich bin das Schaf, das du beharrlich gesucht hast,
das du mit Freude wiedergefunden hast
und das du auf deinen Schultern getragen hast!

---

[17] Nach R. Tagore.
[18] Nach der „Passion de sainte Agnès".

Herr Jesus Christus,
öffne mir das Tor zum Königreich!
Öffne meine Augen für die Wunder deiner Herrlich-
keit!
Zögere nicht!
Bereite meiner Verbannung ein Ende!
Zeig mir dein Angesicht, und ich bin gerettet!

„Zerreiße den Schleier,
der unsere süße Begegnung noch verhindert!"[19]

Mein Herr und mein Gott, mein alles,
„es ist Zeit, daß wir uns sehen"!
(Heilige Theresia von Avila)

Segensgebet

Die Milde des feierlichen Angesichtes Jesu Christi
erscheine euch und stärke euch!

Nimm mich auf

Herr, für diejenigen, die dich lieben,
hast du eine ewige Wohnung bereitet,
in der es weder Tod noch Trauer,
weder Klage noch Leiden geben wird,
denn die alte Erde wird vergangen sein!
Du selbst wirst unsere Tränen trocknen,
und du wirst alles neu machen!
(Nach Offb 21,4)

Herr,
nimm mich in dein Haus auf,
denn ich habe an deinen Namen geglaubt,
ich habe dir meinen Glauben, mein Vertrauen
und meine Freundschaft geschenkt!

Herr,
zieh mich hinein in das unendliche Meer deiner Liebe!

---

[19] Johannes vom Kreuz: Die lebendige Flamme. Übertr. v. I. Behn.
Einsiedeln 1964.

Wie der heilige Franz von Assisi
will ich nur noch dir nacheifern,
mich nach dir sehnen und nach dir streben!

Mit ihm will ich meinen Bruder,
den leiblichen Tod, umarmen,
der mich nicht zerstören,
sondern in deine Arme treiben wird!

Mit ihm preise ich diese letzte Prüfung
und den Übergang zum Leben,
zum Licht und zur Herrlichkeit!

Mache dich auf den Weg

Mache dich auf den Weg,
Bruder (Schwester) in Christus,
im Namen Gottes, des allmächtigen Vaters,
der dich erschaffen hat;
im Namen Jesu Christi, des Sohnes des lebendigen
Gottes,
der für dich gelitten hat;
im Namen des Heiligen Geistes,
der über dich ausgegossen worden ist.

Heute noch sei dir im Frieden deine Stätte bereitet,
deine Wohnung bei Gott im heiligen Zion,
mit der seligen Jungfrau und Gottesmutter Maria,
mit dem heiligen Josef
und mit allen Engeln und Heiligen Gottes![20]

Mit dir fängt alles an

Gott, unser Vater,
du hast uns nicht für das Nichts, sondern für die Vollendung,
nicht für die Finsternis, sondern für das Licht,
nicht für die Zeit, sondern für die Ewigkeit,

---

[20] Die Feier der Krankensakramente ²1995, VI: Die Begleitung
Sterbender, S. 170.

nicht für den Tod, sondern für das ewige Leben geschaffen!

Wer deine Geheimnisse nicht kennt,
glaubt, daß der Mensch, der stirbt,
ins Leere, in den Untergang
und die endgültige Nacht fällt!

Aber wer auf dein Wort vertraut,
ist sicher, daß er in deiner Hand ist,
daß er für immer bei dir und deiner Liebe sein wird
und daß er schon aufgrund seiner Hoffnung
die Unsterblichkeit hat!
(Nach Weish 2,23-24; 3,1-4)

In dieser Stunde
will ich nicht mehr an Vergangenes denken!
Ich schenke dir meine ganze Vergangenheit,
denn sie hat für mich nur Bedeutung
für meine Zukunft im Licht!

Gepriesen seist du, Herr,
für meinen Übergang ins Königreich,
denn heute beginnt mit dir alles neu!

Denk an mich!

Herr Jesus Christus,
ich spreche mit dem vertrauensvollen Gebet
des reuigen Schächers,
der mit dir gekreuzigt wurde:
„Denk an mich, wenn du in dein Reich kommst!"

Jesus, mein Retter,
wende mir dein Antlitz zu,
und sage auch mir – wie ihm –
deine Worte des Heiles:
„Heute noch wirst du mit mir im Paradies sein!"
(Lk, 23,42-43)

„Heute": wie schnell!
„Du wirst mit mir sein": welche Gemeinschaft!
„Im Paradies": welcher Ort!
(Jacques Benigne Bossuet)

Segensgebet

Der Gott des Friedens
gebe euch selbst den ewigen Frieden,
und euer Name sei für immer
in das Buch des Lebens eingeschrieben!

6.

Kurze Gebetsformeln

Um den Sterbenden nicht zu sehr anzustrengen, wird man ihm – in Abständen – einige kurze Gebetsformeln vorschlagen.

1. Worte des Herrn

Alles, was der Vater mir gibt,
wird zu mir kommen, und wer zu mir kommt,
den werde ich nicht abweisen.
(Joh 6,37)

Vater, bittet Jesus,
ich will, daß alle, die du mir gegeben hast,
dort bei mir sind, wo ich bin.
(Joh 17,24a)

Ich gehe, um einen Platz für euch vorzubereiten.
Wenn ich gegangen bin und einen Platz
für euch vorbereitet habe,
komme ich wieder und werde euch zu mir holen.
(Joh 14,2b-3)

Ich bin der Weg.
Niemand kommt zum Vater außer durch mich.
(Joh 14,6)

Ich bin das Licht der Welt. Wer mir nachfolgt,
wird nicht in der Finsternis umhergehen,
sondern wird das Licht des Lebens haben.
(Joh 8,12)

Ich bin die Tür zu den Schafen.
(Joh 10,7)

Wer durch mich hineingeht, wird gerettet werden.
(Joh 10,9)

Wer zu mir kommt, wird nie mehr hungern,
und wer an mich glaubt, wird nie mehr Durst haben.
(Joh 6,35)

Wendet euch mir zu, und laßt euch erretten.
(Jes 45,22a)

Wirf deine Sorge auf den Herrn,
er hält dich aufrecht.
(Ps 55,23)

Du bist in meinen Augen teuer.
(Nach Jes 43,4)

Am Kreuz habe ich dein Leben mit meinem eigenen,
göttlichen Leben aufgewogen.
(Maurice Zundel)

Fürchte dich nicht,
denn ich habe dich ausgelöst,
ich habe dich beim Namen gerufen,
du gehörst mir.
(Jes 43,1b)

Ich habe in meinem Todeskampf an dich gedacht.
Ich habe jenen Blutstropfen für dich vergossen.
(Blaise Pascal)

Denkt nicht mehr an das, was früher war;
auf das, was vergangen ist, sollt ihr nicht achten.
Seht her, nun mache ich etwas Neues.
(Jes 43,18-19)

Ich vergesse dich nicht.
Ich habe dich eingezeichnet in meine Hände.
(Jes 49,15-16)

Wie eine Mutter ihren Sohn tröstet,
so tröste ich euch.
(Jes 66,13)

Selbst wenn sie ihn vergessen würde:
ich vergesse dich nicht.
(Jes 49,15b)

Was kein Auge gesehen und kein Ohr gehört hat,
was keinem Menschen in den Sinn gekommen ist;
das Große, das Gott denen bereitet hat, die ihn lieben.
(1 Kor 2,9)

Tüchtiger und treuer Diener,
komm, nimm teil an der Freude deines Herrn!
(Nach Mt 25,21)

Kommt her, die ihr von meinem Vater gesegnet seid,
nehmt das Reich in Besitz,
das seit der Erschaffung der Welt für euch bestimmt
ist.
(Mt 25,34)

Es gibt keine größere Liebe,
als wenn einer sein Leben für seine Freunde hingibt.
Ihr seid meine Freunde.
(Joh 15,13-14)

Ich bin die Auferstehung und das Leben.
Wer an mich glaubt, wird leben, auch wenn er stirbt.
(Joh 11,25-26)

Dies habe ich euch gesagt,
damit meine Freude in euch ist
und damit eure Freude vollkommen wird.
(Joh 15,11)

Freue dich und jubele:
Dein Lohn im Himmel wird groß sein.
(Nach Mt 5,12)

2. Gebete

a) Ausdruck des Glaubens

Mein Herr und mein Gott,
ich glaube, daß du mein Vater bist
und daß ich dein Kind bin.

Ich glaube an dich,
du aber stärke meinen Glauben.

Ich glaube an deine Liebe zu mir.

Ich glaube an deine unendliche Liebe
und an dein grenzenloses Erbarmen.

Ich glaube, daß du in mir, mit mir
und für mich an meinen Qualen leidest.

Ich glaube, daß mein Schrei auch dein Schrei ist
und meine Tränen auch deine Tränen sind.

Ich glaube, daß du der Gott bist,
der aus meinen Wunden blutet,
und der meine Krankheit beweint
wie eine Mutter.

Ich glaube, daß du mich für dich
und für die unaussprechliche Freude geschaffen hast.

Ich glaube an die Auferstehung des Leibes
und an das ewige Leben.

Ich glaube, daß deine Auferstehung
auf die meine hinweist und sie möglich macht.

Ich glaube, daß ich im Leben wie im Tod
dem Herrn gehöre.

Ich glaube, daß Gott für mich im Himmel
eine ewige Wohnung bereitet.

Ich glaube, daß ich bald dein Antlitz
unverhüllt schauen werde
und daß in dir meine Freude
vollkommen sein wird.

Ich glaube, daß meine Augen
sich dem Licht öffnen werden.

Ich glaube, daß ich dich so sehen werde, wie du bist,
und daß ich dir ähnlich sein werde.

Ich glaube, daß deine Schönheit auch die meine,
deine Heiligkeit auch die meine sein wird
und daß deine Vollendung auch die meine sein wird.

Ich glaube, daß ich für immer bei dir sein werde.

Ich glaube, daß meine Leben ganz von dir erfüllt sein
wird,
wenn ich bei dir lebe.

Ich glaube, daß das Licht stärker ist als die Finsternis,
die Hoffnung stärker als die Verzweiflung,
die Gnade größer ist als die Sünde,
und die Liebe stärker als der Tod.

b) Ausdruck der Hoffnung

Mein Herr und mein Gott, ich hoffe auf dich,
du aber stärke meine Hoffnung.

Jesus, meine Hoffnung!
Ich glaube, daß du ein Herz hast
und daß dieses Herz erbebt,
wenn ich es anrufe.

Meine Tage sind in deiner Hand, Herr,
ich hoffe auf dich.

Wer auf dich hofft,
wird nicht enttäuscht werden.

Auf dich, Herr,
hoffe ich mit der ganzen Kraft meiner Seele;
gib, daß ich niemals verwirrt werde!

c) Gebet für das vertrauensvolle Warten

Meine Seele wartet auf den Herrn –
mehr als ein Wächter auf das Morgenrot.

Stärke meine Seele in der sehnsuchtsvollen Erwartung
des Himmels.

Gib, daß deine Versprechen, Herr,
mich stärken und daß ich leben werde.

Hilf mir,
voll Vertrauen auf die Freude zu warten,
jenseits der Nacht des Todes
in deiner Gegenwart zu leben.

Ich weiß weder den Tag noch die Stunde,
aber ich weiß,
daß du mich am anderen Ufer erwartest.

Ich komme zu dir voll Vertrauen
und mit völliger Hingabe,
denn du bist die Freude eines unsäglichen Versprechens.

Von dir, mein Herr und mein Gott,
erwarte ich keinen anderen Lohn als dich selbst.

Mein Anteil am Erbe bist du, Herr.

Dich will ich, dich allein.

Von dir, Herr, erwarte ich die Vollendung des Lebens
und die Vollkommenheit der Liebe.

Freue dich, meine Seele,
denn du wirst erwartet.

d) Beteuerung der Liebe

Mein Herr und mein Gott, ich liebe dich,
du aber mehre meine Liebe zu dir
und zu meinen Brüdern und Schwestern.

Du, der du alles weißt,
du, der du bis auf den Grund meines Herzens siehst,
du weißt wohl, daß ich dich liebe!

Du, Herr, bist der Bräutigam meiner Seele!
Zeige mir deine Liebe, und ich bin gerettet.

Nimm mich in deiner Liebe auf,
und lade mich zum ewigen Hochzeitsmahl.

Mein Gott und mein alles!
Mein Vielgeliebter gehört mir, und ich gehöre ihm!

e) Bittgebete

Herr, hör den Schrei meiner Klage!

Herr, komm mir zu Hilfe,
eile, mir zu helfen!

Wohin soll ich gehen,
wenn du mich zurückweist?

Was wird aus mir,
wenn du mich verläßt?

Du, der du mein Leben in deinen Händen hältst,
laß nicht zu, daß diese Schmerzen mich zerstören!

Im Übermaß meiner Leiden laß nicht zu,
daß mein Geist erlischt!

Beruhige mich in meiner Angst
durch deine helle Gegenwart!

Laß mich ahnen,
daß sich hinter der Dunkelheit meiner Prüfung
ganz in meiner Nähe eine unsägliche Klarheit
und Freude verbergen!

Herr, nimm den Schleier weg,
der mich noch von deiner milden Gegenwart trennt.

Reiß die Wand nieder,
die mich daran hindert, dich zu entdecken!

Herr, zögere nicht! Komm, mich zu befreien!
Ich bin arm und unglücklich!
Bereite meiner quälenden Prüfung ein Ende!

Geleite mich auf dem Weg in die Ewigkeit!
Geleite mich zu deinem Licht!
Geleite mich ans andere Ufer!
Geleite mich zum endgültigen Frieden!

In deine Hände lege ich mein Herz,
meinen Geist und mein Leben!

Nimm mich auf,
wie ein Vater sein Kind aufnimmt!

7.

Im Augenblick des Übergangs in die Ewigkeit

Der Tag, den der Herr dir gemacht hat, ist ein Tag der Freude

Vielgeliebter Bruder (Vielgeliebte Schwester),
das ist der Tag, den der Herr für dich gemacht hat:
der Tag der Gnade und des Lichtes,
der Tag des Segens und der Vollendung,
der Tag des Festes und der unendlichen Freude!

Jetzt erscheint dir der Herr der Gnade
und das milde Antlitz Gottes,
der kommt, um deinen Blick zu erhellen!

Da sind die ausgebreiteten Arme deines Gottes,
der dich in sein Haus aufnimmt,
der dich einlädt, an seiner Seligkeit teilzuhaben
und der vollständig und für immer deine Erwartun-
gen erfüllen
und deinen Durst stillen wird.

Das ist die Stunde,
in der der Herr deine Verletzungen versorgt
und deine Wunden heilt!
(Vgl. Jes 53,4)

Da ist der Bräutigam, der dir entgegenkommt!
Preise den Herrn und lobe ihn:
Denn für dich ist die Zeit
für das ewige Hochzeitsmahl des Lammes gekommen!
Empfange von ihm
den Kuß des ewigen Friedens!

Hebt euch, ihr Tore

„Ich freute mich, als man mir sagte:
‚Zum Haus des Herrn wollen wir pilgern.‘
Schon stehen wir in deinen Toren, Jerusalem!“
(Ps 122,1-2)

Ihr Tore, hebt euch nach oben,
hebt euch, ihr uralten Pforten.
(Ps 24,7)

Laß ihn (sie) eintreten, Herr der Gnade,
den (die) du nach deinem Bild geschaffen hast,
den (die) du an Kindes Statt angenommen hast,
den (die) dein Sohn mit seinem Blut gewaschen hat,
den (die) du mit dem Brot des Lebens genährt hast,
über den (die) du deinen Geist ausgegossen hast
und den (die) du dazu berufen hast, mit dir eins zu
werden!

Kommt herzu, ihr Heiligen Gottes

Kommt herzu, ihr Heiligen Gottes,
eilt ihm/ihr entgegen, ihr Engel des Herrn.
Nehmt auf seine/ihre Seele,
und führt sie hin vor das Antlitz des Allerhöchsten.[1]

Ihr Himmel, schreit vor Freude!
Ihr Engel und Heiligen des Himmels,
preist mit uns den Herrn,
der Mitleid mit seinem Kind gehabt hat,
der seinem Leiden ein Ende bereitet hat,
der die Tränen von seinen Augen abgewischt hat
und der für ihn (sie) alles neu macht!
(Nach Offb 21,4-5)

Komm, du Gesegneter meines Vaters

Hab Vertrauen,
denn dein Gott löst heute seine Versprechen ein!

Hör die Worte seines Heils:
„Komm her,
der (die) du von meinem Vater gesegnet bist!
Nimm das Reich in Besitz,
das seit der Erschaffung der Welt
für dich bestimmt ist.

---

[1] Vgl. Die Feier der Krankensakramente ²1995, VI: Die Begleitung
Sterbender, S. 172.

Denn was du für einen meiner geringsten Brüder
getan hast,
das hast du mir getan!"
(Nach Mt 25,34 und 40)

Tüchtiger und treuer Diener
(Tüchtige und treue Dienerin),
du bist im Kleinen ein treuer Verwalter gewesen,
ich will dir eine große Aufgabe übertragen.
Komm, nimm teil an der Freude deines Herrn!
(Nach Mt 25,21)

Freue dich

Freue dich, mein Kind, sagt der Herr,
denn dein Name ist in das Buch des Lebens eingeschrieben!

Frohlocke,
denn von heute an wirst du mit mir im Paradies sein!

Sing,
denn heute sehen deine Augen,
hören deine Ohren
und sieht und erkennt dein Herz,
was ich, dein Gott,
für die bereitet habe, die mich lieben!

Selig!

Selig die Toten,
die im Herrn sterben,
von jetzt an; ja, spricht der Geist,
sie sollen ausruhen von ihren Mühen;
denn ihre Werke begleiten sie.
(Offb 14,13)

8.

Gebete
an Unsere Liebe Frau

1. Heilige Jungfrau Maria,
du Mutter Jesu und unser aller Mutter,
hilf mir,
dir gegenüber das Vertrauen eines Kindes zu bewahren,
das alles zu fragen und zu erwarten wagt!

2. Heilige Jungfrau Maria,
du bist wie eine Herberge Gottes,
in der alle Zuflucht finden, die leiden.
Ich wende mich voll Vertrauen an dich,
denn Gott selbst hat uns diese Zuflucht geschenkt!

3. Gegrüßet seist du Maria, voll der Gnade,
der Herr ist mit dir.
Du bist gebenedeit unter den Frauen,
und gebenedeit ist die Frucht deines Leibes, Jesus.[1]

„Heilige Maria,
Mutter Gottes und unser aller Mutter,
stärke unsere Hoffnung und unser Gebet,
am Tag und in der Nacht, heute und immer"
und besonders in der Stunde unseres Todes.
Amen.[2]

4. Jungfrau mit den gefalteten Händen,
gib mir deine betenden Hände!

Jungfrau mit den klaren Augen,
gib mir deine strahlenden Augen!

Jungfrau mit dem schweigenden Mund,
gib mir ein Gefühl für das tiefe Geheimnis
Gottes in mir!

Jungfrau mit dem unbefleckten Herzen,
gib mir „ein reines Herz,
das so klar ist wie eine Quelle"![3]

---

[1] Stundenbuch, 1. Band, 366; vgl. Gotteslob 2,6.
[2] Paul Abela, in der Zeitschrift La Croix, 2.-3. April 1978, Paris.
[3] Nach der Schrift „Foyer Notre-Dame" vom Mai 1948, Bruxelles.

5. Heilige Jungfrau Maria,
vergiß inmitten deiner glorreichen Tage
nicht die Traurigkeit dieser Erde.

Wirf einen gütigen Blick auf die,
die leiden,
die mit Schwierigkeiten zu kämpfen haben
und die nicht aufhören,
über die Bitterkeit des Lebens zu klagen.

Hab Mitleid mit denen,
die sich lieben und die getrennt worden sind.

Hab Mitleid mit der Einsamkeit des Herzens.

Hab Mitleid mit der Schwachheit unseres Glaubens.

Hab Mitleid mit allen,
denen unserer Liebe gilt

Hab Mitleid mit denen,
die weinen,
die beten,
die klagen.

Gib uns allen Hoffnung und Frieden![4]

6. Mutter Jesu,
du Mutter und Vorbild aller innersten Seelen,
hilf meiner Seele,
treu, aus freiem Willen und von Herzen
mit deinem göttlichen Sohn verbunden zu bleiben!

Bewirke, daß ich oft an ihn denke,
ohne Müdigkeit und geistige Anspannung,
und mein ganzes Wesen und all meine Werke
auf ihn hin ausrichte.

Hilf, daß ich ihm verbunden bin,
daß niemand sich mir nähern kann,
ohne sich auch ihm näher zu fühlen,

---

[4] Nach Henri Perreyve: Elévations, prières et pensées. Verlag
Librairie de l'art catholique.

und daß man durch meine arme Menschennatur hindurch
seine göttliche Gegenwart ahnen kann![5]

7. Sei gegrüßt, o Königin, Mutter der Barmherzigkeit,
unser Leben, unsre Wonne
und unsre Hoffnung, sei gegrüßt!

Zu dir rufen wir verbannte Kinder Evas;
zu dir seufzen wir trauernd
und weinend in diesem Tal der Tränen.

Wohlan denn, unsre Fürsprecherin,
wende deine barmherzigen Augen uns zu,
und nach diesem Elend zeige uns Jesus,
die gebenedeite Frucht deines Leibes.

O gütige, o milde, o süße Jungfrau Maria.[6]

8. O Maria, makellose Jungfrau,
du, die niemals auch nur der Hauch des Bösen gestreift hat,
du hast es dennoch auf dich genommen,
in völliger Übereinstimmung mit deinem Sohn
für die Sühne der Sünden der ganzen Welt zu leiden.

Hilf mir, wie du meine gegenwärtigen Leiden
auf die Erlösung hin auszurichten,
wie du es getan hast.

9. Am Abend des Karfreitag hat man dir,
du Mutter aller Mütter,
den Körper deines Sohnes auf den Schoß gelegt,
in dem du wie in einem großen, offenen Buch
den Bericht einer Liebe lesen konntest,
die bis zu seinem Tod ging!

Vor dir, Mutter der Schmerzen,
knie ich leise nieder.

---

[5] Nach Gaston Courtois: Tout au long du jour. Paris, Verlag Fleurus, 1956.
[6] Stundenbuch, 1. Band, 366; vgl. Gotteslob 571.

Dein Leiden damals war das deines Sohnes,
aber auch das Leiden der gesamten Menschheit aller
Zeiten,
da er, bevor er starb,
dich allen Menschen zur Mutter gegeben hat![7]

10. Heilige Maria,
sei an meinem Lager in der Stunde meines Todes!
Sei bei mir wie eine Mutter.
Wenn meine gelähmte Zunge deinen Namen
und den deines Sohnes nicht mehr aussprechen kann,
möge mein Herz sie im Stillen anrufen.
Meine zärtliche Mutter, ich flehe dich an!
Gib mir deine Hand, und führe mich zu deinem
Sohn![8]

11. Heilige Maria, Mutter Jesu,
sei auch meine Mutter!

Hilf mir,
mein Schicksal anzunehmen
wie du am Tag der Verkündigung,

die Armut zu ertragen wie du,
als du im Stall deinen Sohn zur Welt gebracht hast,
den Herrn anzurufen wie du in Kana,
als bei der Hochzeit der Wein ausging,

mein Leiden darzubringen wie du unter dem Kreuz,

zu beten wie du,
als du mit den Jüngern im Abendmahlssaal
das Kommen des Heiligen Geistes erwartet hast![9]

[7] Nach der Schrift „Foyer Notre-Dame" vom Mai 1948, Bruxelles.
[8] Nach der Schrift „Foyer Notre-Dame" vom Mai 1948, Bruxelles.
[9] Milczslaw Malinski: Notre pain de chaque jour. Paris, Verlag Le
Centurion.

9.

Anrufungen

Mutter der Schmerzen, bitte für uns.
Mutter des Mitleids, bitte für uns.
Mutter des guten Rates, bitte für uns.
Mutter des Erlösers, bitte für uns.
Mutter der Reisenden, bitte für uns.
Jungfrau, mächtig, zu helfen, bitte für uns.
Du Zuflucht der Sünder, bitte für uns.
Du Hilfe der Christen, bitte für uns.
Du Pforte des Himmels, bitte für uns.

Heiliger Josef, bitte für uns.
Heiliger Petrus und heiliger Paulus, bittet für uns.
Heiliger Vinzenz von Paul, bitte für uns.
Heiliger Franziskus, bitte für uns.
Heiliger Nikolaus von der Flüe, bitte für uns.
Heilige Schutzengel, bittet für uns.
Alle Heiligen Gottes, bittet für uns.[1]

---

[1] Vgl. Gotteslob 762 und 769.

Bibliographie

Altner, Günter: Tod, Ewigkeit und Überleben. Todeserfahrung und Todesbewältigung in nachmetaphysischer Zeit. Heidelberg: Quelle und Meyer, 1981.

Balthasar, Hans Urs von: Leben aus dem Tod. Betrachtungen zum Ostermysterium. Freiburg – Basel – Wien: Herder, 1984.

Berger, Klaus: Ist mit dem Tod alles aus? Stuttgart: Quell-Verlag, 1997.

Dawn, Nelson: Die Kraft der heilsamen Berührung. Alte Menschen, Kranke und Sterbende liebevoll umsorgen. München: Kösel, 1996.

Goddenthow, Diether von: Mit dem Tod leben. Sterbebegleitung und praktischer Rat. Freiburg – Basel – Wien: Herder, 1989.

Hampe, Johann Christoph: Sterben ist doch ganz anders. Erfahrungen mit dem eigenen Tod. Stuttgart: Kreuz-Verlag, ²1975.

Jehle, Frank: Dem Tod ins Gesicht sehen. Lebenshilfe aus der Bibel. Einsiedeln u. a.: Benziger, 1993.

Kübler-Ross, Elisabeth: Befreiung aus der Angst. Berichte aus den Workshops „Leben, Tod und Übergang“. Gütersloh: Mohn, 1992.

Kübler-Ross, Elisabeth: Interviews mit Sterbenden. Stuttgart: Kreuz-Verlag / Gütersloh: Mohn, ⁴1975 (Gütersloher Taschenbücher 71).

Kübler-Ross, Elisabeth: Reif werden zum Tode. Stuttgart: Kreuz-Verlag, ⁴1984.

Kübler-Ross, Elisabeth: Verstehen, was Sterbende sagen wollen. Einführung in ihre symbolische Sprache. Stuttgart: Kreuz-Verlag, ²1982.

Kübler-Ross, Elisabeth: Was können wir noch tun? Antworten auf Fragen nach Sterben und Tod. Gütersloh: Mohn, 1983 (Siebensterntaschenbuch 369).

Lohfink, Gerhard: Der Tod ist nicht das letzte Wort. Meditationen. Freiburg – Basel – Wien: Herder, 1976.

Moody, Raymond A.: Nachgedanken über das Leben nach dem Tod. Reinbek: Rowohlt, 1978.

Neysters, Peter / Schmitt, Karl-Heinz: Denn sie werden getröstet werden. Das Hausbuch zu Leid und Trauer, Sterben und Tod. München: Kösel, 1993.

Nouwen, Henry J.: Der Spiegel des Jenseits. Gedanken um Tod und Leben. Freiburg – Basel – Wien: Herder, 1990.

Pera, Heinrich: Sterbende verstehen. Ein Leitfaden zur Sterbebegleitung. Freiburg – Basel – Wien: Herder, ²1996.

Pompey, Heinrich: Sterbende nicht allein lassen. Erfahrungen christlicher Sterbebegleitung. Mainz: Matthias-Grünewald-Verlag, 1996.

Probst, Manfred / Richter, Klemens: Zeichen der Hoffnung in Tod und Trauer. Werkbuch zu Sterbe- und Totenliturgie. Freiburg – Basel – Wien: Herder, 1996.

Richter, Klemens (Hrsg.): Der Umgang mit den Toten. Tod und Bestattung in der christlichen Gemeinde. Freiburg – Basel – Wien: Herder, 1990 (Questiones Disputatae 123).

Jules Bulliard

Kommunionspendung
für die Kranken

20 Feiern und Gebete für
die Zeit der Krankheit
2. Auflage 1994.
120 Seiten. Gebunden
ISBN 3-88088-668-4

Die in der Praxis erprobten Modelle weisen folgen-
de Gliederung auf: Begrüßung – Gebet – Bußakt –
Lesung – Vaterunser – Kommunion – Danksagung –
Schlußsegen. Im Anhang finden sich Gebete für die
Zeit der Krankheit, Gebete zu Maria und Gebete bei
der Geburt eines Kindes.

Die Kommunionfeier mit Kranken in Privatwohnun-
gen oder in den Krankenzimmern eines Spitals oder
Pflegeheimes ist für den Seelsorger und seine Mitar-
beiter ein pastoraler Schwerpunkt. Kaum eine andere Lebenssituation ist so geeignet, den Menschen
Gottes Nähe und seine helfende Zuwendung zu
vermitteln wie die Kommunionspendung in einer
Phase des Krankseins, des Leidens oder der Gebrechlichkeit.
Das Buch von J. Bulliard ist in der Hand des Seel-
sorgers und des Laienkommunionspenders eine
wertvolle Hilfe. Damit hat man je nach konkreter Situation Texte zur Auswahl, um die Kommunionfeier
würdig und auf die Aufnahmefähigkeit des Kranken
rücksichtnehmend zu gestalten.

Ordensnachrichten

Druck · Buch · Verlag

Das Evangelium beten
von Robert L. Knopp

Unser heilender
Gott-mit-uns
Das Matthäus-Evangelium

Gottes rettende Liebe
Das Johannes-Evangelium

Der sehr menschliche Jesus
Das Markus-Evangelium

Unser mitleidender Erlöser
Das Lukas-Evangelium

Aus dem Amerikanischen von
Ursula Klein
Je Band 200 Seiten. Kartoniert

Die Evangelien zeigen ein sehr lebendiges Bild von Jesus,
wie er Kranke heilt, den Menschen predigt, die sich in
Scharen auf staubigen Straßen um ihn drängen, wie er
über das Schicksal Jerusalems bittere Tränen vergießt. All
diese Bilder können unser Herz anregen zu Gebet und
Besinnung. Indem der Autor versucht, das jeweilige Evangelium thematisch zu verdichten, bietet er einen Weg, im
Gebet die Besonderheit des jeweiligen Evangeliums zu
erspüren.

BONIFATIUS
Druck · Buch · Verlag